JN306680

世界一のサービス

十年前のお客様を忘れない

下野隆祥
Shimoya Takaaki

PHP新書

はじめに　もっとサービスを、さらにサービスを！

「少々お待ちください」はサービスとは言わない

さぁ、これから美味しいお食事をいただきましょう。美味しい日本酒やワインを、家族や恋人、仲間たちと共に楽しくいただきましょう。

と、胸躍らせてレストランのエントランスに入る時。

忙しい日常の喧騒から逃れて、美食に浸ろうとするその瞬間は、誰にとっても至福の喜びの時であるはずです。

ところが――。

「こんばんは、予約していた下野《しもや》です」

そう告げた次の瞬間に、こんな言葉を返されたことはありませんか。

「下野様ですね。確認いたしますので、少々お待ちください」

目の前に現れたサービスマンやウエイトレスが、満面の笑みと共にそう言った瞬間、私の胸の中ではどす黒い雲が広がります。

――あぁ、この店に美味しい料理や楽しい雰囲気を期待するのは無理だな、と。

なぜそんなに大げさに失望を？　と思われる読者もいらっしゃるかもしれません。けれど考えてみてください。もしこれが、個人宅を訪ねたシーンだとしたら。

夕方のしかるべき時間に、かねてから約束していた友人宅を訪ねてベルを押した時、玄関先で「少々お待ちください」という声が返って来ることがあるでしょうか。そう言って客を待たせておいて、メモ帳を調べるホストがいるでしょうか。それがゲストに対する歓迎の行動にあたるでしょうか。

私たちが自宅にゲストを招く時、何よりの歓待は、ドアのベルに呼応して待ちかねたように扉を開け、

「お待ちしていました～、遠路はるばるきていただいてありがとう。さぁさぁあがってください。寛《くつろ》いでいってくださいね～」

満面の笑みと共に語られるこのひと言のはずです。

レストランも全く同じです。予約するということは、店を選び、信頼し、胸躍らせながら足を運ぶこと。そのゲストに対して、何よりも最初に「お待ちしておりました～」の言葉がなかったら、店側の歓待の意は伝わりません。

ことにゲストをお連れしてレストランのエントランスを潜《くぐ》る時、予約を入れておいたにもかかわらず「少々お待ちください」のひと言を返されたら、それだけで店への信頼は失なわれ、その店を紹介しようとしたホストのプライドはずたずたになり、その店を楽しみにしてきたゲストの期待感までも失うことになります。

もちろん、サービススタッフの側にも、そう言ってしまう理由はあるのでしょう。

――席数が多いから予約客名を覚えきれない。正確に対応するためにメモをチェックする必要がある。たまたま対応したのが予約係ではなかった、等々。

けれどそれらは全て「言い訳」です。予約には必ず時間も添えられているのですから、全ての予約客名を覚えている必要はありません。その時間の予約客に集中していれば済むことです。大きな店であればあるほど、フロント専属の係がいるのですから、お客様の到来に対して全神経を集中するべきです。たまたま予約係ではない者が応対してしまった時には、お客様には「お待ちしておりました」と声をかけた上で、「○○様がご到着です」と担当者に引き継げばいいだけです。

何をどう考えても、お客様に対して「少々お待ちください」という対応はありえません。

「少々お待ちくださいはサービスとは言わない」

昨今のレストランでは「少々お待ちください」はごく当たり前に使われる言葉になりましたが、そのレストランとそのサービスマンの成長を願う客ならば、それを聞き流してはいけないのです。しっかりと「その対応は不快です」とクレームを伝えることです。レストラン側もまた、スタッフに対してそのことをしっかりと教育しなければいけません。

飲食業界でのサービスを専門にする者として、私は声を大にしてこのことを言いたいと思っています。

サービスへのウエイトが低すぎる

そもそも世界的には「おもてなしの国」といわれ、そのサービスの精神が高く評価されてきた日本において、なぜこのようにサービスに対する意識が低くなってしまったのでしょうか。

ことに私が従事してきた洋食業界においては、料理全体を司るシェフや女性に人気のスイーツを扱うパティシエ、そしてフランス本国よりも資格保有者が多いと揶揄《やゆ》されるワインの専門家・ソムリエ等に当たる光りの大きさ（注目度の高さ）に比べると、サービススタッフへのそれは、なんとも儚《はかな》いものになってしまっています。

その結果、お客様の中にもサービスに対する意識の低さが垣間《かいま》見られます。

胸にブドウのバッヂ（ソムリエの印）がない黒服スタッフは、入り口でお客様の荷物を預かるだけ。テーブルではオーダーを記入するだけ。厨房《ちゆうぼう》から皿を運ぶだけ。食事が終わったら食器を下げるだけ。

そんなふうに思い込んでしまって、本当の意味でのサービスの存在を知らない、サービスに期待しないお客様があまりにも多いと言う以外ありません。

多くのお客様が潜在的にはプロフェッショナルなサービスを期待しないから、そこに着目しない。スタッフの側もその技術や哲学を磨こうとしない。磨いても使い道がない。使い道がないから、いつのまにかサービスそのものが廃《すた》れてしまう。

そういう悪循環の中で、レストランの質自体がどんどん低下してしまっているというのが、現在の日本の飲食業の一つの真実だと思います。

本来の意味でのサービスやサービスマンの存在は、そんなものではありません。本場ヨーロッパのレストランにおいては、シェフやソムリエなどとは比べ物にならないくらい存在感の高いのがサービススタッフの長である総支配人（ディレクトール）や支配人（メートル・ド・テル、以下メートル）であり、レストランの人気は、そのままディレクトールやメートルの人気である場合がほとんどです。

メートルは、馴染《なじみ》のお客様の家族構成から仕事の内容までを熟知し、食べ物や飲み物の趣向を全て把握しているのは当然のこと。一人のメートルに親子二代、三代に渡ってお世話になることも珍しいことではありません。ビジネスにおいても、どんなお客様をお連れしても安心して食事と会話が楽しめるのは、メートルの気配りの成せる業《わざ》です。

メートルが何かの理由で店を代われば、多くのお客様がメートルについて新しい店のファンになるのもまた当然のこと。メートルのサービスのあり方一つにその店の売上のほとんどがかかっているというのが、世界のレストラン業界の常識なのです。

「もっともっとお客様が店のメートル以下サービススタッフのサービスに対して目を光らせてほしい、意識を高めてほしい」

私は心からそう思います。

そうすることでサービススタッフは仕事にやり甲斐を感じ、サービスの腕を磨くモチベーションを高め、世界の一流のレストランのさまざまな技術やシステム等を学んで世界一のサービスを体現しようと努力します。

そうなれば、読者のみなさんがレストランを使う時、ますます居心地のいい快適な空間がそこに広がることになるのです。

一流レストランでの修業の日々

私は一九六五年(昭和四〇年)、十九歳で東京ヒルトンホテル内にあったサービススタッフの会社に職を得て以降、いくつかのバーや一流レストランでサービスを担当してきました。

六九年からは相模大野の米軍基地の将校クラブ。七〇年からは、ソニー副社長の盛田昭夫氏が情熱を傾けて生み出し、「そこにパリがある」といわれた本格レストラン「銀座マキシム・ド・パリ」にソムリエとして入社。七五年から四年間は京都のフランス料理店「リヨン」のオープニングスタッフ。八〇年からは、文豪・池波正太郎ら食通に愛され今日まで約四十年間続く老舗レストラン「銀座レカン」に勤め、八三年からは支配人。九一年からはロンドンにあった「レストラン・ミラベル」へ移り、世界の食通を相手に支配人を経験。九三年からは、「世紀のシェフ」「フレンチの神様」と呼ばれた天才シェフ、ジョエル・ロブションが日本に初めて進出したことで一世を風靡《ふうび》した恵比寿の「シャトーレストラン　タイユバン・ロブション（現「ジョエル・ロブション」）」のオープニング支配人、等々。

若いころはサービススタッフの一員でしたが、「リヨン」以降は店の人事やサービス、ワインの全てを司るソムリエや支配人となり、日本だけでなくヨーロッパでも「本場のサービス」を経験してきました。

いまは現場での業務は卒業して、調理師学校での後進の指導やサービス業界全体を司る組織での仕事に当たっていますが、生涯をサービスに捧げてきたつもりです。

世界一のサービスを競う年

ことに今年二〇一二年は、私たち洋食業界、特にフランス料理のレストランでサービスに従事する者にとって、エポックメーキングな年でもあります。

本書が刊行される十一月には、サービスの世界大会「クープ・ジョルジュ・バティスト」サーヴィス世界コンクールが初めて日本で開催されるのです。「プロの部」で一一カ国の国内予選を勝ち上がったサービスマンが参加し、日頃の鍛練の成果を競います。

この大会は、一九六一年に発足した「クープ・ジョルジュ・バティスト協会」が主催するもので、当初はフランス国内やヨーロッパ圏内での大会でしたが、二〇〇〇年から本格的な世界大会となり、今日に至っています。これまでにも日本から代表選手が出場していましたが、今回は初の地元開催とあって、大いに盛り上がっています。

日本国内の予選を勝ち上がったのは、恵比寿の「シャトーレストラン　ジョエル・ロブション」の支配人宮崎辰《しん》氏。三十五歳の若きホープです。

私はこの大会の運営委員長を務めます。同時に、サービス界のベテラン講師福岡俊和氏と共に、約一年間にわたって宮崎君に対してサービスのレッスンを行ってきました（その詳細は五章をご参照ください）。

大会の課題は、テーブルセッティング、花のディスプレイ、お客様（審査員）をテーブルにお招きして料理の説明（母国語以外の外国語）、オーダーをとること、カクテルのサービス等々。

そしてこの大会のハイライトは、指定された課題の料理をテーブルにお持ちして、審査員の目の前で料理を取り分けてプレゼンテーションすること。「デクパージュ」と呼ばれる技術を競うことが最大のポイントとなります。

本書でも述べますが、料理も軽くなり、人件費のコストカットも至上命題となった今日のレストラン業界において、お客様の目の前でサービススタッフが料理を作りあげ、取り分けることは、ほとんどなくなりました。せいぜいデザートの「クレープシュゼット」を、お客様の目の前でつくるレストランやホテルがある程度です。

けれど、目の前にゲリドン（ワゴン）が運ばれてくるシーンを想像してみてください。

大皿に盛られた食材がコンロの火にかけられ、スタッフがオレンジを絞り、お酒を注いでフランベして紫の炎が舞い上がる――、そんなシーンに、お客様はとても喜ばれます。もちろんつくりながらスタッフとの会話も盛り上がりますし、時にはお客様の希望に応じて、即興で味を変えることも可能です。

つまりそれは、カスタマイズされたサービスであり、お客様とサービススタッフの「技術」を通したコミュニケーション。それもまた、フランス料理の醍醐味なのです。

またスタッフにとっても、デクパージュの技術は、単にフォークとナイフの扱い方を競うものではありません。銀の大皿に乗って厨房から運ばれてくる鶏、牛肉、魚、あるいはデザートのパイナップルやリンゴ等を切り分けるには、その食材の基本的な構造や季節による質の変化等を熟知していなければなりません。どこにナイフを入れれば関節が簡単に切れるのか、どの部分に小骨が詰まっているのか、フルーツの皮はどの方向に剝《む》けるのか等々、そういう「構造」を知ることが素材そのものへの知識につながります。

そしてこの技術の最大のポイントは「手際のよさ」。

素早く的確にフォークとナイフを扱って、スパッと食材を切り分けることで、料理の熱も冷めませんし、何よりも切り口が鮮やかで美味しく見栄えがするのです。

「下野さんにデクパージュしてもらえると、料理が美味しくなる」

そう言ってもらえたら、こんな冥利はありません。

同時にその技術を駆使するサービススタッフが、お客様から見て美しい姿になっていないといけません。

できるだけ速く、美味しく、見栄えも良く、厨房で調理された料理をさらに一層美味しく演出してお客様にお出しすること。

それこそが、世界一のサービスの基本中の基本です。

そのことを競う世界大会が開かれるのです。

本書でも五章で、宮崎氏とのレッスンの様子を、じっくりと語っていきたいと思います。

サービスへの意識の高まり、気づきを

このように本書は、四半世紀に渡る私の経験を生かして、私が目指してきた「世界一

のサービス」の真実の裏表を描くものです。

またそれだけでなく、美食を求めるグルメ、グルマンの読者のみなさんに、サービスに対する意識を高めていただくことも狙いの一つと考えています。客としてサービスのどこに意識を集中して、どんなリアクションをとれば、スタッフはより高度なサービスを提供してくれるのか。

そんな、レストランを今まで以上に楽しむ「コツ」のようなものも伝授したいと思います。

レストランは料理と酒と雰囲気だけを売る場ではありません。サービスもまた、大きな商品です。そしてそれは、必ずしもお金だけで買えるものではありません。お客様とサービススタッフが、ともに磨きあいともに高めあうものだと私は思っています。

そんな奥深いサービスの本質を、本書で語っていくことにいたしましょう。

世界一のサービス

目次

第一章

一流のサービスは「哲学」である

第二章 世界一のサービスを目指して

第三章 サービスは「細部」にこそ宿る

第四章

レストラン・サービスの流れとその裏側

第五章 二つの世界大会

第一章

一流のサービスは「哲学」である

メインディッシュをサービスする著者

1 一流は一流を知る

至宝のワインの味と香り

私はつい最近、ある方からオーディオ用のアンプを一台いただきました。

古いオーディオファンの方ならご存じだと思いますが、真空管アンプマニアには垂涎《すいぜん》の一品、上杉研究所製の「U・BROS‐2011P」です。

――やはり、熟練の職人が手作りした真空管アンプの醸《かも》しだす音色は違う。

自室で一人、もう半世紀に渡って聴き続けてきたアート・ペッパーのサックスを、JBL4344で流しながら至福の時を過ごすことが増えました。

なぜそんなことを本書で書き出したのか。

それは、このアンプが私の手元にやってきたエピソードこそが、間違いなくサービスのあり方の本質そのものを示していると思うからです。

もう二十年以上も前のことになります。

ある日、かつてフランスを旅した時にお世話になったガイド兼通訳の人から電話がかかってきました。

「下野さん、今度輸入ワインを扱う酒屋の升本さんが、シャトー・ペトリュスのフェアをやりたいと言っているんだけれど、手を貸してくれませんか」

聞くと、フランスのワイン商、ピーター・ツーストラップ氏と升本の間でビジネス契約が結ばれ、フランス・ボルドーワインでナンバーワンの評価を得ているシャトー・ペトリュスのマグナムボトルを二十数本日本に輸入して、フェアを開くことになったというのです。

ついては試飲会だけでなく、食事もついた晩餐会も開きたいのだが、升本ではフェアとレストランを仕切れないので、下野にそれを仕切ってもらえないか、ということでした。

シャトー・ペトリュスといえば、ブルゴーニュのロマネコンティと並び称される、ボルドーの至宝のワインです。ボルドーには珍しく、葡萄《ぶどう》の品種はメルロー一〇〇%。たった一一ヘクタールしかない畑で生産されたこの葡萄を、ドメーヌの経営者であるクリスティアン・ムエックス氏が厳選し、ボトリングされて市場に出回る本数はごくわずか。抜栓してから時間を置くと、ブルゴーニュの高級酒にも似た香りが室内に広がります。口に含むと後味が長く、いつまでも鼻腔から戻る香りを楽しむことができます。

かつてはそれほど高い評価は得ていなかったと思うのですが、アメリカの評論家が絶賛したことであっと言う間に各ビンテージ（年代）が驚くほどの値段をつけるようになりました。希少品種ですから、それも致し方ありません。当時はバブル経済華やかなりし頃でしたから、余計に高値がついていました。

それをマグナムで輸入して、食事と共に楽しんでいただこうというのです。料理もまた最高峰のものでなければワインに負けてしまいますし、お客様もまた、ワインと料理の味がわかる超一流の方でなければ意味がありません。もったいないからです。

私はこの仕事を引き受けて、当時のフランス料理業界の大物シェフたちがつくるクラブ・デトラントという組織に声をかけました。会場にしたのは有楽町にある老舗レストラン「アピシウス」。クラブ・デトラントの何人かのシェフに集まってもらい、ペトリュスに相応しいメニューを考えて、一夜限りの豪華な晩餐会を企画したのです。

この時集まってくださったお客様は、各シェフの店の馴染の方たち。そして、それまで私が勤めた店に何年も通ってくださっていたご贔屓《ひいき》客のみなさん方でした。

ワイン通のみなさんのこの日の最大の楽しみは、シャトー・ペトリュスの七六年だったと記憶しています。デカンタ（開栓後、ワインを他のビンに入れ換えて味を落ち着かせること）すると、部屋中に濃厚な香りが広がります。グラスに入れた時の色合いも、ビロードのような艶やかさです。一滴でも舌に落とせば、ワイン畑の土の香りや山の木の実のような、あるいはなめし革のような独特な深みのある香りが鼻腔を刺激します。もちろんのど越しも素晴らしい。まさしく「これぞワイン」という重々しく馥郁《ふくいく》たる味わいが脳髄を刺激していきます。

当時としては、一本一〇万円を下らない値がついた逸品だったはずです。もちろん、食事の中でお出しするそれに見合ったシャンパンや白ワイン等も用意していました。

それらを一流レストランで食事をしながらいただくのですから、晩餐会の値段はそれ相応のもの。集まって下さったお客様たちも、セレブな方たちばかりでした。ワインの味わいだけでなく、料理も、集まっていただいたお客様の顔ぶれも人柄も、全てにおいて素晴らしい一夜だったことは間違いありません。

会の最後には、多くの参加者のみなさんから感謝の言葉をいただき、お互いに新しい出会いを喜びあいながら、再会を約束して家路についたのです。

一流のサービスがなければ全てが駄目になる

その素晴らしい記憶のお蔭でしょうか。その日に生まれて今日まで、約二十年間に渡り欠かさずに続いてきたことがあります。

それは、あの夜集まったメンバーが中心になって始まったワインと料理のマリアージュ（ベストな組み合わせのこと）を楽しむ晩餐会。折りあるごとにテーマとなるメインのワインを決めて、お気に入りの店に集まって、料理とワインを楽しむ会が始まり、今日まで欠くことなく続いてきたのです。

今年（二〇一二年）の会は、四月のとある夜、六本木にある「ヴァンサン」というレストランで開かれました。テーマとなるワインはシャトー・ラトゥール。ペトリュスと並ぶボルドーの超人気ワインで、この夜は四〇年、五三年、八五年という、素晴らしいヴィンテージが揃いました。

この晩餐会では、会場となるレストランはその時に応じて決められます。メンバーの馴染の店を紹介し合う時もありますし、評判の高いシェフの味を試す場合もあります。

季節に合わせ、テーマとなるワインに相応しいメニューを考えるのは、料理人にとっても腕が鳴る試みです。良質のお客様が集まることを考えても、この会の会場となることは、レストランにとっても嬉しくないはずがありません。

今年の会場となった「ヴァンサン」のオーナーシェフは、かつて私と一緒に「銀座レカン」で腕を振るった城悦男氏。得意のクラシックなソースを使った料理を存分に振る舞いながら、素敵な一夜をつくってくれました。

ところが、どのレストランで開かれることになっても、一つだけ変わらないことがあります。

それは、この会のサービスの担当に私が指名されることです。

「ヴァンサン」にもメートル以下の素晴らしいサービススタッフがいるのですが、集まるお客様は二十年たった今でも、この会の時だけは私がフロアに立っていないと納得してくれません。私は前述のようにもはや現場を離れているのですが、この会の夜だけは以前のようにメートルとして、何人かのスタッフを指揮することになるのです。

なぜ私が呼ばれることになるのか。

今回のワインを揃えてくれた升本の大畑澄子店長は、こんなことを言ってくださいました。

「一流のワインと一流の料理を楽しむためには、一流のサービスがあることが当然です。もちろんどの店にも素晴らしいメートルやソムリエもいるけれど、本当のサービスを実践してもらうためには、お客様の人柄や個性、好み、来歴を知っている人でないといけない。それができるのは下野さんだけです。この会の時だけは、私たちも奮発してワインも料理も贅の限りを尽くすわけですから、サービスだって最高のものがほしい。だからこそ下野さんにお願いするのは当然だし、必然だと思っています」

私には身に余る光栄ですが、サービスということの本質を考えた場合、お客様がこう考えてくださることは、サービスマンの一人としてはとても嬉しいことです。

一流の料理や酒があるところには、一流のサービスがなければならない。そこには、お金では買えない「記憶」という要素も含まれている。

それこそが、「サービス」の真理なのです。

もっとも「本質的なサービス」とは、けっして高価なものの組み合わせを求めるということではありません。母親の家庭料理を楽しむ団欒《だんらん》の場にもサービスはあるし、近所の定食屋や居酒屋にも、それに相応しいサービスがあります。チェーン店やファミリーレストランでも、その場のスタッフの器量一つでキラリと光るサービスを感じることもあるはずです。

私がここで主張したいのは、サービスの存在意義。飲食業界において、なくてはならないものとしてのサービスのあり方なのです。

やってきた真空管アンプ

さて、今年の晩餐会。二十年来のお客様方が互いに旧交を温めあいながら、料理とワインを楽しむ中で出てきた話題の一つに、オーディオのことがありました。

馴染のお客様の中に、オーディオの専門誌を発行されているオーナーがいらっしゃいます。食事の合間に何気なくその話題になったので、料理やワインのサービスをしながら私はこう言ったのです。

「最近我が家のプリアンプの調子が悪くて――」

するとその方は、すぐにこう仰《おつしや》ってくれました。

「そりゃいけないね。ちょうどうちに上杉さんの遺品となったアンプがあるから、それを調整して君の所に送ってあげようか」と。

真空管メーカーの上杉研究所を主宰されていた上杉佳郎さんは、残念ながら二〇一〇年にお亡くなりになっていました。その遺品となった型のアンプがメーカーの倉庫から無くなる前に、注文しておいた品物が、そのお客様の手元にあるというのです。私が真空管アンプのマニアであることを知っていらしたので、そう言ってくださったのでしょう。

私がお客様のことを把握しているように、この二十年間の歳月の中で、お客様も私のことを把握してくださっている。逆もまた真なり。嬉しいことです。

私は感激して、ありがたくこの方のお気持ちをいただくことにしました。

サービスする側とされる側

このことを、私はこう考えます。

この夜私たちは、お客様とサービスマンとして、立場を異にして向き合っていました。サービスマンとしては、お客様に敬意と愛情を持って接し、お料理を出すタイミング、ワインを注ぐタイミング、お水を注ぐタイミング等、全神経を集中してお客様にとって快適な空間を演出していくことを考えなければなりません。

とはいえ、神経を集中する余り、会話がなくなってしまっていいかというと、そうではありません。二十年来のお客様が集まるのですから、昔話も出てきます。趣味の話もありますし、笑い話としてお互いの失敗談もあるでしょう。あるいは家庭のことや仕事のことで、触れてはいけないタブーもあります。そういうことを全てわきまえた上で、自宅のリビングにいるような寛いだ瞬間を持っていただくこと。

それがサービスです。

だから、お互いの趣味であるオーディオの話題が出た時には、さりげなく私も会話に加わらせていただきました。自分の体験談や他のお客様から教わった知識等を嫌味なく展開することも、サービスの一つだと思うからです。

その時、お客様とサービスマンとしての私の関係は、ある意味でイーブンとなります。

「社会の成熟とは、ディズニーランドの社員が休日にディズニーランドで遊べる社会を指す」という言葉がありますが、まさに一流の人間と一流のサービスを体現する人間が出会った時、そこにはえもいわれぬアンサンブルが生まれるということなのでしょう。

だからお客様が「アンプをあげよう」と言ってくださった時、私は素直に「ありがとうございます」と答えることができました。オーディオを愛するそのお客様のお気持ちもよくわかっているし、お客様もまた、長年真空管アンプを使い続けてきた私のことを記憶してくださっていたのです。

それもまた、長年のサービスの成せる業《わざ》。

こうして私は、手元に届いたアンプで、愛してやまないアート・ペッパーのサックスを楽しむことができるようになりました。

全ては二十年前のあの夜から始まった一つの物語であり、「サービス」というものを通してコツコツと築いてきた人間関係の賜物です。

この関係の前には、金銭は不要です。もちろん高価なものをいただきましたから、相応の返礼はしなければなりませんが、それは金銭や品物ではなく、サービスというものでお返ししていけばいいと私は考えます。

さて、次の晩餐会の季節までに、どこで美味しいワインの情報を仕入れようか。どんなシェフとのコラボレーションを考えようか。どこのお店にお連れしようか。

そういう、お客様にとって思いがけない「提案」をすることもまた、サービスの一つ。

この二十年間は、私にとっても常に学び続けてきた歳月であったともいえるのです。

レストランは、紳士淑女が紳士淑女にサービスする場である

私がこの業界に入った約四十年前は、日本はオイルショックの前でしたから、高級レストランには物凄いお金持ちがたくさんお見えでした。生まれてこのかた働いたことがないという、欧米の貴族のような身分の方もいらっしゃいましたし、欧米で長く生活して外国人の立ち居振る舞いをしっかりと身につけている方もいました。

もちろん一ドル＝三六〇円という大変な円安でしたから、外国人のお客様はドルを持って日本にやってくるだけでお金持ちになった気分だったことでしょう。

そういう方たちは、いいサービスをすると当たり前のように気前よくチップをくれました。「マキシム」のころは、当時のメートルに聞くと「月に二七〇万円くらいはチップがあった」ということでした。宝くじの一等賞が一〇〇〇万円だった時代に、です。こういう時代には、サービスマンはむしろサーバント（従者）として、身体を張ってお客様の望みを叶えようという気概を持っていました。

ところが昨今は、だいぶ事情が変わってきました。飲食業で働く人とお客様と、経済的な差がなくなってきたのです。昔のような圧倒的な大金持ちという人も減ってきているのではないでしょうか。ＩＴ長者のような、にわかにお金持ちになった若者は少なくないはずですが、何代も続いて高級レストランのお客様になってくださるような身分の方は、本当に少なくなった印象です。

飲食業界を希望する若者も、大学卒業は当たり前になり、高学歴になってきました。収入もそれなりに増え、休みの日には同業者の高級店に客として食事に行くことも普通のことになりました。

つまりレストラン業界は「紳士淑女が紳士淑女にサービスする場」になってきたのです。

そうなると、何が大切になるのか。

それは、サービスマンも普段の生活の中で、紳士淑女としてのプライドと折り目正しい態度をしっかりと身につけることだと思います。仕事のオフの日に街でお客様と出くわした時に、きちんと挨拶《あいさつ》できること。恥ずかしくない服装をしていること。日頃から時事関連の知識を身につけ、ＴＰＯに相応しい話題を選べること。様々なことに興味を持ち、良質の趣味を持つこと。豊富な人脈を持ち、互いに切磋琢磨していくこと、等々。

つまり人間として日々研鑽《けんさん》を積みながら、己を磨いていくことが良質のサービスマンへの道なのです。

どんなお客様に対しても卑屈にならずにサービスできること。常にお客様の要望の一歩先を進めること。

これからのサービスマンには、その素養が望まれています。

2 マニュアル通りのサービスは衰退する

私が憤ったマニュアル通りのサービス

ここ数年、ファミリーレストランの衰退がメディアで語られるようになりました。

各社ともに、メニューを変えたり業態を変えたりして、売り上げ減に歯止めをかけることにやっきになっていますが、この凋落傾向には歯止めがかかりません。

一時期は毎年数十％の売り上げ増を記録していたファミレスですが、そろそろお客様には飽きられてきたようです。

その理由の一つは、あまりにマニュアル化されたサービスに、お客様が飽き飽きしてきたということではないかと思います。

レストランで食事をする一人の客として、私にはこういう不愉快な記憶があります。

池袋にある大型電器店の最上階のレストランで食事をしていた時のこと。

アルバイト（であろう）ウエイトレスが、脱いで椅子にかけておいた私の上着に、誤って料理のソースをこぼしてしまったことがありました。

それ自体は珍しいことでもなんでもありません。ウエイトレスはすぐに私に謝りましたので、「いいよ、気をつけてね」といってその場は収まりかけました。

ところが食事を終えて席を立とうとするころになって、いそいそと支配人がやってきて、名刺を出しながら私にこう言ったのです。

「今回は私どものスタッフが粗相をいたしました。申し訳ございません。クリーニング代をお支払いいたしますので、どうぞおっしゃってください」

この言葉に、私の中のサービスマンとしての意識の中の何かが弾けました。

「おっしゃってくださいとはどういう意味ですか？」

私が訊ねると、支配人はなぜそんなことを聞かれるのかわからないという表情でこう言うのです。

「いえ、ですから後日クリーニング代をおっしゃっていただけたらお支払いします、と――」

私は瞬時にこう言い返していました。

「あなたは私に後日わざわざこの店に来て、クリーニング代を請求しろということですか？

またそこで嫌な体験を思い出せということですか！」

私の剣幕に、支配人は口ごもってしまいました。

「いえ、そういうわけではないのですが――」

私はもじもじする支配人に対して「老婆心ながら――」と添えながら、こう付け加えました。

――こういう時は、封筒に入れた現金を渡して「もし不足があれば後日お届けします」と付け加えればもっとよかった。なぜそうできなかったのか。

すると彼は平然と、こう答えたのです。

「それは会社の規則でできないことになっているのです」

私はこの言葉に、本当に腹を立ててしまいました。この先のことは、これ以上書きたくもありません。

つまりこの支配人は、真剣に謝る気持ちなどまったくないのです。ただ、スタッフが客の服を汚してしまった時のマニュアル通りの対応をしているだけです。そういう体裁を取り繕うだけの対応をされると、私は客として「二度とこんな店にくるものか‼」と思ってしまいます。

こういう時支配人であったら、私が言ったように小さな封筒に千円札を入れて、すぐにお客様に「今回は失礼いたしました。これでクリーニングをお願いいたします」とでも言えば、店の印象は全く違ってきます。服を汚されたことよりも、むしろその爽やかな対応が印象に残って、池袋に買い物にきたらまたこの店に食べにこようかと思うものです。

仮にその千円は会社に請求できないとしても、そうすれば店としての「謝罪」の気持ちはお客様に伝わります。そしてマイナスの出来事がプラスのポイントになって、そこで一人のファンを捕まえられるかもしれないのです。

ところがそこで気持ちを込めずに、「会社のルール」という隠れ蓑を使って表面的なマニュアル通りの対応をしてしまうと、かえってお客様の気持ちを損ねることになる。

私はサービスを職業とする者だけに、この時の支配人の対応は非常に不愉快でした。それだけでなく、飲食業界の関係者の一人としても、こんな対応をしていたらレストラン業界全体が駄目になるという危機感を感じる出来事となりました。

マニュアルは気持ちを表す手段だったのに

そもそもサービスのマニュアル化は、七〇年代初頭に日本に上陸したハンバーガーのファーストフード店「マクドナルド」が持ち込んだものといわれています。第一号店は銀座四丁目の三越の一階にオープンしました。開店当初から物凄い人気で、マクドナルドはあっと言う間に全国に広がっていきました。後続のファーストフード・チェーンも続々と上陸し、いまでは全国津々浦々に広まっています。

当初こそ「食べながら歩くなんてみっともない」という批判もありましたが、以降四十年を越える歴史の中で「街の中での食べ歩き」は、日本人のマナー基準では許されることになったようです。

この時スタッフを教育したのが、サービスマニュアルでした。

マクドナルドの「スマイル0円」という表示は有名ですが、「いらっしゃいませ」とお客様をお迎えしてからオーダーをとり、商品を提供して料金を受け取り、「ありがとうございました」と送り出すまで、笑顔から言葉づかいまで全ての応対が一つのパターンにまとめられるようになったのです。

当時にあっては、「マニュアル」という言葉自体、日本人には珍しいものでした。初物と舶来品に弱い日本人は、さっそくこれに飛びつきました。これ以降、全てのサービス業でスタッフの教育はマニュアルで仕切られ、どの店舗でもどのスタッフでも、同じ対応をするように教育されるようになったのです。

逆にいえば、どんなレベルの人間でも店のユニフォームを着ている限りは同じレベルのサービスを提供できる、少しでも多くの売上を獲得する戦力となりうるという、戦力均衡化に一役買ったという面もあったでしょう。

八〇年代九〇年代は、まさに「マニュアル全盛時代」の感がありました。

ところが、このムーブメントの中で私たちが見落としている点がありました。

それは、アメリカという多民族国家でのサービスのあり方と、日本という、民族的にはほぼ単一といってもいい国家のあり方の違い。さらにいえば、日本人のＤＮＡの中に刻まれた「おもてなし」の文化のあり方です。

多民族国家では、お客様を迎え入れる時や食べ物を提供する時の言葉づかいやポーズの取り方にも、民族ごとの差異があります。

たとえば、アメリカ人は食べ物を提供する時に「エンジョイ＝楽しんでね」という言葉を使います。ところが日本人は「めしあがれ」と、食べ物と相手に対して敬う気持ちを表現します。食べる側も、日本語には「いただきます」という言葉があり、つくり手と食べ物に対して頭を下げたり手を合わせたりする習慣がありますが、英語には「サンキュー」しかありません。食べ物に対して頭を下げる人などみたこともありません。

このように、多民族国家では、民族によって言葉にも態度にも違いがある。それがばらばらのままではお客様に対して「歓迎や感謝」の気持ちが伝わらない場合があるから、一つのパターンの言葉とポーズをつくろうとしたのがマニュアルです。

そもそもの根源には、お客様に対する「歓迎や感謝」の気持ちがあってこそのものなのです。

ところが、日本にやってきたマニュアルは、間違って伝播《でんぱ》してしまったようです。

――とにかくマニュアル通りにやっておけば、お客様には失礼にならない。会社の上司からも怒られない。形を揃えるのが大切。

と、気持ちの部分が割愛されて、表面的な技術論になってしまいました。

だから、私が憤ったレストランのように、「謝る」時にすらマニュアル通りの対応で済ませようとします。ほんとうに申し訳なかったという気持ちがあれば、マニュアルよりもっと別の対応ができるはずなのですが、それができなくなっている。余計なことをすると、却って会社や上司に怒られるという事情もあるのかもしれません。

日本全体のサービスのレベルが、非常に情けない状況になりさがってしまいました。

生きた自分の言葉を使え

私が現在教えている調理師学校の学生や、現役時代の部下たちに口を酸っぱくして言っているのは、「自分の言葉を使え」「自分で状況を判断して最適な行動をとれ」「自分の頭で考えろ」ということです。

考えてみればサービスのマニュアルは、必要最低限のことしか書いてありません。サービス業に従事していればわかることですが、毎日の現場で起こる出来事は、二つとして同じことはありません。状況も違えば相手も違う。自分の精神状態や体調も違う。そういう中で、マニュアル通りの対応をすることでよしとしていたら、それはあまりに低レベルすぎます。

むしろサービスのマニュアルは最低限のものとして当然の如く身につけて、そこからどこまで上のレベルのサービスが提供できるか。それを目指すのがサービスマンとして当然の務めだと私は考えます。

その時大切なのは、「自分の言葉」「自分の判断」「自分で最適と思うアクション」です。

これらは、マニュアルのようにどこかに書いてあるものではありません。誰かに教えられて覚えられるものでもない。全て日々の現場でのお客様との対応の中で、自分で覚えなければいけないものです。身体だけでなく、脳味噌にも汗を流して、自分で獲得しなければならないものなのです。

だからこそ、これらを実践しているサービスマンとしていないサービスマンでは、お客様がサービスを受けた時の快感、感激度、感動が違います。

たとえば、私が贔屓にしている蔵前の小さなフレンチ・ビストロの表のサービスを一人で仕切っていたマダムには、これらがありました。

ある日四人で食事に出かけました。店内は約二〇人のお客様で満卓です。私たちはメニューを広げて、それぞれオーダーが決まったあとでマダムを呼びます。するとマダムは、メモをとらずに四人のメニューを聞くのです。

もちろんこれにはワインやビール等のお酒も含まれていますから、相当複雑なオーダーになっているはずです。ところがマダムは、これを一つも間違えない。それどころか、料理を運んできた時にも「〇〇はどなたですか？」なんて聞くこともない。「お待たせいたしました」と言って、すっとオーダーした人の手元に正しい料理をサーブしていきます。

その手際がどれほど美しいことか。この美しいサービスに触れるだけで、この店に来てよかったと思わせるものがあります。

あるいは、満卓の状態だったら、お客様が声をかけてもすぐに応対できないこともあります。そういう時でも、このマダムの応対は素晴らしい。待たせられるという不満を感じたことがありません。

それはなぜか。

マダムは、お客様から声をかけられてすぐにそれに対処できない時には、必ずそのお客様と視線を合わせて、「ただいま参りますので少々お待ちください」とか、「いまお持ちいたします」とか、一声添えるのです。

これは簡単に見えますが、とても大切なことです。視線を合わせずにただ「すぐに参ります」と言われても、お客様はその言葉を信頼できないのです。

お客様にとって、最もサービスに不満を持つのは、放っておかれることです。その「放りっぱなし感」をもたれないように、マダムは視線でお客様の心と自分の心をつなぐのです。

常にお客様に「注意を払っています」がサービスの基本

私は以前、ある航空会社のＣＡ（キャビンアテンダント）の接遇研修の講師を務めていたことがあります。その時、繰り返し彼女たちに言ったのは、「お客様を放置してはいけない」ということでした。

たとえば、料理をお出しする時にも、黙ってテーブルの上に料理を置くのではなく、「お料理をお持ちしました」とひと言添えるとずいぶん印象は違ってきます。ただ順番で自分のところに料理を持ってきてくれたのではなく、お客様は「自分を注視してくれているのだ」という安心感を抱くからです。

「お飲み物をお持ちしました」「おしぼりをお使いください」「できあがりました」等々、添えるべき言葉はいくつもあります。たとえエコノミークラスの狭い客席でも、そういう言葉を添えてサービスができれば、お客様にとっては快適な空間になります。

仮に忙しくて手が離せない時でも、しっかりと視線を合わせた上で「ただいま参ります」と言葉を添えれば、お客様は少々のことなら辛抱して待ってくれます。視線を合わせなかったり、無視したりすることが一番いけません。お客様に不安を与えないこと、放りっぱなし感を与えないことが最大のサービスなのです。

3 想像力と記憶力、そして会話力

お客様の意識の揺らぎに反応する

日本の古武道の教えの一つに、「相手の意識の揺らぎに反応する」という言葉があります。

これは、侍《さむらい》が戦場において敵と対峙した時に、相手の動きに反応していたら負けになるから、身体の動きを制御する相手の「意識」が動いた時に反応する訓練をつめ、ということです。

これを私たちサービスの仕事に読み替えていえば、「お客様が態度で示す前にその要望を察しろ、気づけ」ということになります。お客様がいま何をほしがっているのか。トイレの場所を探しているのか。勘定を払おうとしているのか。水を欲しがっているのか。そういうことを、言葉で要求される前に察して（気づいて）、さりげなくそれをサポートできれば、こんな気持ちのいいサービスはありません。

もちろん、それはお客様の様子を常に凝視していなければ、なかなかできないことです。

私にはこんな経験があります。

メートルを務めていたあるレストランでのこと。外国人のお客様がやってきてお食事をされていました。

さりげなくその姿を注視していた時、お客様の視線がコップに向かった時がありました。その刹那、私は冷たい水が入ったポットを持って、そのお客様のテーブルに近づいていったのです。

私が水を注ごうとすると、そのお客様の驚かれたこと。

「なぜ私が水がほしいとわかったんだ?」と、不思議そうに仰ったのです。

私はこう答えました。

「お客様がお料理を食べられるペースやリズムを見ていました。塩味の濃い料理を食べられていましたし、視線がコップにいったので、そろそろ水を飲まれるなと直感したのです」と。

「さすがはおもてなしの国、日本人のサービスだ」

お客様はそう言って微笑んでくれました。その日から、その方が常連客になってくださったのは言うまでもありません。水の一杯をお出しした、たったそれだけのことなのですが、お客様はとても感動してくださったのです。私にも嬉しい出来事でした。

会話の引き出しをいくつもっているのか

「気づき」ということになると、アクションだけではありません。お客様との会話もまた、気づきから発生するものです。

来店されたお客様がカップルの場合、ビジネスユースの場合、ご家族連れの場合、それぞれに事情は違いますが、私はそのテーブルの話が尽きた瞬間を見計らって、自分からお客様に話しかけるように心がけていました。

もちろんそのテーブルの雰囲気を壊してはいけませんが、お客様と何がしかの会話を交わすことでその方の情報を仕入れられます。次にご来店いただいた時、より一層のサービスを提供するための準備にもなるのです。

その時大切なのは、そのテーブルでホストは誰でゲストは誰かを瞬時に判断することです。ビジネスユースであれば、まずゲストを立てることでホストは喜んでくださいます。往々にしてお金を払うホストのほうをちやほやするサービスが見受けられますが、それは間違いです。まずはゲスト。そしてホストを立てるという順番です。

カップルであれば、まずは女性を褒めることです。服装や持ち物のセンス、あるいは容姿そのものを褒められて嬉しくない女性はいませんし、連れてきた女性が褒められて嬉しくない男性もいません。

ご家族連れなら、お子さまの成長やご両親のお元気そうな様子を喜べば、その場は楽しく盛り上がります。

そのテーブルにおいて、会話のキモ、人間関係のキモはどこにあるのか。

まずはその「気づき」が大切なのです。

さらに、会話が始まったら、今度はどれだけの「会話の引き出し」をもっているかが問われることになります。

食事の場ですから、当然政治や宗教の話はタブーです。大抵の場合は、お天気のことや季節の移り変わりのこと、あるいはその日のトップニュース等から会話を始めることになります。

すでに書きましたが、趣味のオーディオの話題になる場合もあるでしょう。あるいは、「この前上高地に避暑に行ってきてね」という言葉が出てきたら、「登山もおやりになられるのですか?」と会話が続くかもしれません。「この前フランスに行ってボルドーを廻ってきたよ」というお客様がいらしたら、ここはサービスマンとして話題のボルドーワインの話に振らないわけにはいきません。

このように、お客様の出してくる話題に対して、ある程度満遍なく会話が交わせる知識を身につけておくこと。世の中の全ての事象に蘊蓄《うんちく》を傾けることは難しいし、そんな必要はありませんが、あらゆるジャンルに興味をもっておくこと。

サービスマンとしては、それもまた基本の一つです。

ある時、初めてご来店いただいたシルバー世代のカップルがいました。

会話を始めてみると、若いころにドイツに駐在していたことがわかりました。オーダーの時も、さりげなくドイツワインの話題を出してみると懐かしそうな表情をされています。

「甘い感じのドイツワインはないかな」

ご主人様がそう訊ねてきました。こういう時は、サービスマンがドイツワインの知識をひけらかしてはかえってマイナスです。かつてドイツに暮していた方なのですから、この方の知識や経験を聞き出して、ドイツ時代の思い出とともに食事を楽しんでいただくことが肝心です。

問題は、その店のワインセラーに適当なドイツワインの在庫がないことでした。

私はご主人様にこう語りかけてみました。

「あいにく当店には適当なドイツワインは置いておりませんが、フランスワインで考えてみましょうか。お好みの味と香りを仰ってください」

そう問うと、「フルーティーで若干甘みが残る白ワインが飲みたい」とのこと。フルーティーでドイツワインというと、誰でも真っ先にアルザスの白を思い浮かべますが、なんとなくこの方にはしっくりこないように感じました。そこでお料理の好みを再度お伺いすると、なんとなくイメージの中にロワールの白ワインが思い浮かびました。試飲していただくことにしてボトルをお持ちすると、大変気に入っていただくことができたのです。

「じゃ、このワインをいただこうか」

こんな風に会話が弾めば、ボトルを一本オーダーしてくださいます。

さらに、お食事が終わったころを見計らってドイツとの国境地域のアルザスワインを何本かテーブルにお持ちして、「こういうワインも揃えています。ぜひ次の機会に試してみてください」と添えれば、このご夫妻はこのレストランのことを「若き日のヨーロッパの思い出」と共に記憶してくれます。常連になってくださるのに、そう時間はかからないでしょう。

これもまた、「気づき」から生まれた会話力のサービスの一例です。

「覚えていてくれた」という喜び

銀座の「レカン」でメートルをしていた時代には、こんなこともありました。

とある週末のランチに、一人でやってきた紳士がいました。お名前はわかりませんでしたが、私にはピンと閃くものがありました。

――確か「マキシム」に来ていただいたお客様だ。

遡《さかのぼ》ること約十年前、私がソムリエとして務めていた銀座「マキシム・ド・パリ」時代に、このお客様に小瓶のワインをサービスしたことを思い出したのです。

「いらっしゃいませ」

私は、当時のことはおくびにも出さずにサービスを始めました。メニューを見ていただきオーダーをとり、次にお客様はワインをどうしようか迷っていらっしゃる風情《ふぜい》です。

そこで私はひと言こう添えました。

「以前マキシムでサービスさせていただいた時は、このボトルをお召し上がりになられましたね」

私が一本のワインを指さしてそう言うと、お客様の表情がパッと明るくなりました。

「えっ、そんな昔のことを覚えていてくれたの？」

「はい。たしかジュブレ・シャンベルタンをお飲みになられたはずです」

「そうそう、あのころはシャンベルタンが大好きだったからね〜」

そう言って、しばし当時の話題に花が咲いたのです。

長年レストランで働いていると、印象深いお客様や出来事に遭遇するものです。私はメモをつけているわけではありませんが、そういう「記憶」が何よりのサービスにつながることがしばしばあります。

お客様は、無視されることを嫌がるのと裏腹に、「覚えていてくれたこと」にはとても喜んでくださいます。

「昨年おいでになった時にはこのメニューを召し上がられましたね」とか、「去年も召し上がられたこのワインの、別のヴィンテージはいかがですか？」というように、時をへだててもサービスに連続性が醸しだせると、お客様との距離がぐっと縮まります。

お客様とそんな会話ができるようになれば、常連客から贔屓客になっていただける絶好のチャンスといっていいでしょう。

お客様とレストランの関係性

ちなみに、飲食業界では一般的に、ご来店いただくお客様に対してあるランクをつけています。いえ、使っていただく金額によって差別するという意味ではありません。お客様と店との距離感を、以下のように捉えているのです。

●一見客――いうまでもなく初めてご来店いただくお客様です。どなたかのご紹介の場合もありますし、最近ではインターネットでの評判を見て予約を入れるお客様もいらっしゃいます。前者の場合は、ご紹介いただいた方の話題をさりげなく振ったり、後日紹介者に感謝の電話なりをしたりするようにします。もちろん、紹介者に内密にこられているようならば(たとえば妙齢の女性連れだったり)、それなりの対応を心がけます。

●リターン客――二度目三度目にご来店いただくお客様のことです。一見の時の印象が悪かったはずはありません。サービスマンが複数いるレストランならば、できる限り初回の担当者をつけるべきです。予約が入った段階で、顧客カード等に残る初回の料理、ワイン等をチェックして、同じものを勧めないのが一般的です。場合によっては、新しいゲストを連れてきて「あの時のあの料理が美味しくてね」と仰る場合もあるでしょう。そういう時は、同じ料理でも自信満々にサービスしてください。

場合によっては料理長に声をかけて、ダイニングに出てきてもらってひと言挨拶していただくのもいいと思います。「自分を大切にしてくれている」という印象を持っていただけたら、この方は、次のレベルのお客様になってくださるはずです。

●馴染客（常連）――高級レストランならば年に数度、一般的なレストランならば月に何回か来ていただくお客様は「常連客、馴染客」です。

家族の誕生日、子どもの新入学祝い、成人式、就職祝い、様々な「家族の記憶」をこの店で積み上げています。サービスマンは、それらを十分に意識して、それを壊さないように、ますますいい思い出になるように、様々な演出をしなければなりません。ある意味で家族よりも細部を「記憶」しておくこと。それが最大のサービスです。

●贔屓客――店にとって最高のお客様は、「強い味方」になってくださる贔屓のお客様です。

常連客のように、家族や会社、あるいは自分自身の思い出をこの店で積み上げてくださっていることはもちろんのこと、世の中にあまたある店の中で、「ここが最高」「ぼくにとっては最上の店」と認識してくださっていることがポイントです。

つまりそのお客様にとって、その店に連れてくるゲストはその時最も大切にしたい方なのです。サービスマンもそのことを十分意識した上で、ゲストを楽しませ、ホストにも気配りをしなければなりません。

その関係性がしっかりと築かれていれば、たとえば新しいメニューをつくった時に「ちょっとこれを食べてみていただけますか」と、試食をお願いして感想を聞いたり、「今度の料理フェアに残席があるのですが、二、三人連れてきていただけませんか」とお願いしたりもできます。お互いにそういう無理が利く関係性――、それもまた店には必要なことです。

このことをお客様の側から見たら、「自分はこの店に対してどんな意識をもっているか」を改めて振り返ってみていただきたいと思います。繰り返しますが、このランク分けは、お客様が店で使う金額の多寡で区別しているのではありません。あくまで気持ちの問題です。

店を使う側にしても、自分が最高の評価をしている店ならば、店側からも「贔屓客」と認識してもらいたいものです。一見客からリターン客となり、馴染客になっていくプロセスは、お客様にとっても楽しいものであるはずです。腕のいい若い料理人がいるなら、親しい友人を連れていって紹介したくなるものです。イケメンのサービスマンがいるなら、「私が贔屓にしているメートルよ」などと、誇らしげに友人に紹介してみてもいいでしょう。

サービスマンは、そういうお客様の気持ちを裏切らない応対をすること。時にはお客様に特別なサービスをしたりするのもいいでしょう（たとえばグラスワインをサービスしたり、女性にデザートを出したり）。

そうすることで、お客様は気持ちよく「店との距離感」を縮めてくれます。

そこにサービスの醍醐味があります。

なぜ十年前のお客様を覚えていたのか

それにしても、なぜ私は「レカン」にやってきた十年ぶりのお客様とそのワインを覚えていたのか。いってみればこの方は、ものすごく長い時間軸の「リピーター客」です。私にしても、これまで出会った全てのお客様とそのオーダーを覚えているというわけではありません。

とはいえ、現役時代に毎日かかさずに続けていたあることが、この時の記憶につながっているということはできると思います。

それは、夜のセッション（営業）を終えて深夜帰宅したあと、眠りに就く前にベッドの中で行っていたロールプレイです。

――今日は夜のセッション前にはこんな準備をした。誰誰がミスをした。あの時はこう指導すればよかった。最初にやってきたお客様はこんな服を着ていた。こんな方と一緒だった。こんな会話をしていた。オーダーは何を指定された。ワインはこれだった。あの時もっと違うワインを勧めてもよかったかもしれない。次にやってきたお客様はこんな方だった。商談だったから、ゲストの方へのサービスを重点的に行った。こんな会話があった。最後に「とても美味しかったよ」と言ってくださったから、満足してくださったはずだ。次はゲストの方をお連れいただいて「リピーター客」になっていただけたらいいのだけれど。厨房のシェフとはこんな会話をした。今日の料理はここに気をつかったと言っていた。お客様にお皿をお持ちする時に、あの常連のお客様にはそのことをもう少しはっきりお伝えした方がよかったかな、等々。

私は眠りに就くまでの間に、その日一日レストランの現場で起こったことを脳裏に画像として思い出しながら、早回しの映画のように閉店のシーンまでたどるのです。そうすることで、初めていらしたお客様の印象もある程度残すことができます。召し上がられた料理やワインについても、反省や感想を込めて「再現」するので、記憶に刻まれ易くなります。

現役時代は、これをやらないと寝つけませんでした。

夕方五時に開店して十一時ころに閉店するまで、約六時間にも渡って興奮状態で働いているのですから、脳のクールダウンが必要です。その意味あいも込めた「再現フィルム」だったのです。

「レカン」で再会した老紳士も、この再現フィルムの中で印象深く記憶に刻まれた方でした。だからこそ、十年後にも瞬時にその時のことを思い出すことができました。

私自身のサービスの「秘策」の一つは、この深夜の再現フィルム＝ロールプレイにあるといっても過言ではないのかもしれません。

第二章

世界一の
サービスを目指して

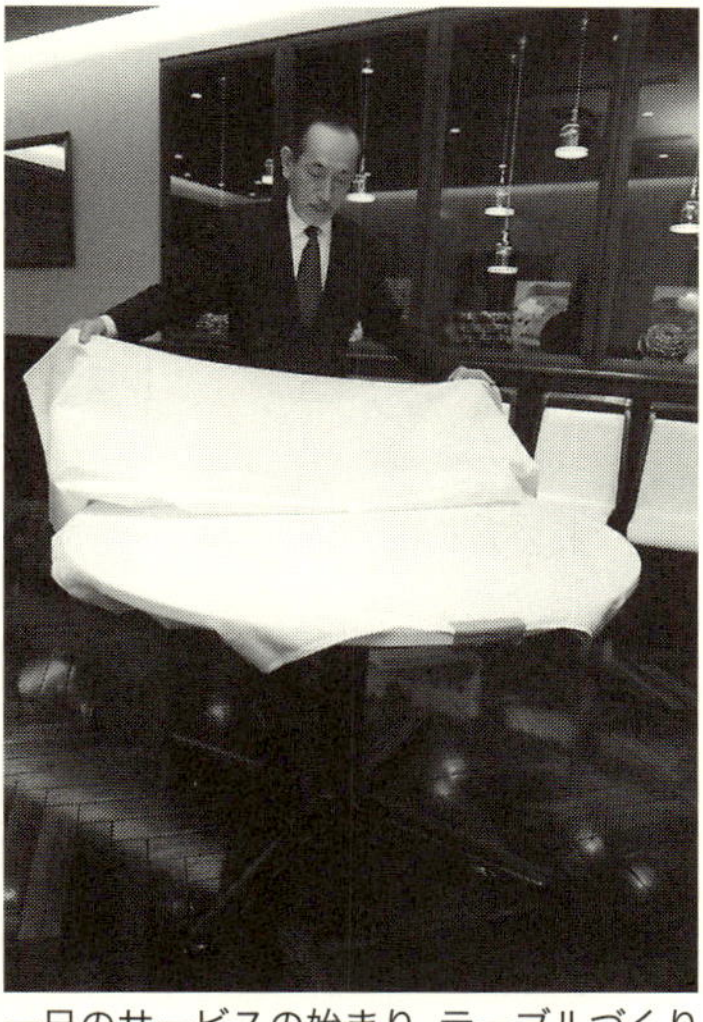
一日のサービスの始まり、テーブルづくり

1 日本のフランス料理の黎明期

英語を覚えたい一心で

昭和二一年生まれ、いわゆる団塊の世代のど真ん中の私にとって、少年時代の憧れはヨーロッパというよりも、アメリカからやってくる全ての文化でした。

『経済白書』に書かれた「もはや戦後ではない」という言葉が流行ったのは昭和三一年、十歳になったばかりのこと。このころにアメリカではプレスリーが登場し、「ハートブレイク・ホテル」が大ヒットしました。それまで流行っていた音楽マンボに代わって、ロックンロールが青春の音楽となったのです。石原慎太郎さんの小説『太陽の季節』が芥川賞を取ってベストセラーになり、湘南の海岸線で自動車を運転しながら遊び狂う「太陽族」が生まれた時代です。

そういう時代にあって、私も中学時代からラジオから流れるジャズに熱中し、映画も小説も、アメリカのものを追い求めていました。日本の若者全体が、そういう熱狂に包まれていた時代だったと思います。

その影響で、私が求めたのは「英語力」でした。英語ができれば、アメリカ文化にどっぷりと浸れると思ったからです。

そこで私は、高校を卒業して三年間赤坂のホテルで皿洗い等のアルバイトを経験したあと、思い切って相模大野にあった在日米陸軍病院内の将校クラブにバーテンダーとして勤めることにしました。このころはまだ、飲食業に興味があったというよりも、英語を覚えたい一心だったのです。

ここでの仕事は、将校たちが開くパーティーでカウンター越しにカクテルをサービスすること。その仕事は、何よりも「スピード」が勝負でした。

なにしろパーティーの時間は約一時間。その冒頭の十五分が勝負で、十秒に一杯のカクテルをつくってドル紙幣をもらい、場合によってはお釣りを返さなければならないのです。

当時、私たち日本人にとってはカクテルなど高嶺《たかね》の花でしたが、アメリカ人将校たちにとっては自分たちの酒です。少しでも手際が悪ければブーイングが飛んできます。その代わり、スピーディーにサービスできれば、当たり前のようにドル札でチップがもらえます。月給六万円程度の仕事でしたが、カクテルをサービスしながらチップとして貰ったドル札を足元の段ボール箱の中に投げ入れて、あとで計算すると週に五〇〇〇円分ほどの金額になっていました。

「サービスはスピードなり」

「サービスは瞬発力なり」

それが、ここで私が最初に学んだサービスの極意となりました。同時に、何百人ものパーティーを無事終えて、将校たちの嬉しそうな赤ら顔を見ているうちに、こういうサービス業もいいものだと感じるようになりました。意外に自分にはあっているかなと思うようになったのです。

そのころ私が読んでいたアメリカの小説の中に、「スーパーサービスマン」という登場人物がいました。いまではどんな小説だったのか記憶は定かではないのですが、この登場人物のことだけは鮮明に覚えています。

彼は、どんなシチュエーションにおいても、常に主人やお客様の側に寄り添い、相手の要望を聞く前にそれを予測して行動に移るのです。しかも、どんな要望に対しても決して「ＮＯ」とは言いません。あらゆることを完璧にこなしていきます。

第一章で、意識の揺らぎに反応するということを書きましたが、まさにそれです。要望を聞いていたら一流のサービスとはいえないのです。

とある小説でそのことを読んだ私は、将来はそんなサービスマンになりたいという思いを抱くようになりました。当時二十代前半。そのころから、飲食業界において一流のサービスマンになることを思い描くようになったのです。

ワインと本格的なサービスとの出会い

将校クラブでカクテルのことを学びながら、私の中では次第に一抹の不満が生まれてきました。

それは、ハードリカーはある程度知識がつくと、それ以上の「時間」という深みに欠けるということ。カクテルは何百種類もありますが、基本的にハードリカーをベースにしてつくる飲み物ですから、基本を覚えればあとは応用編ということになります。ワインのように、ヴィンテージという概念がありません。

——次はワインを学びたいな。

いつしか私は、そう思うようになったのです。

とはいえ、当時は今のような「ソムリエ」などという資格は日本にはありませんでした。一流ホテルでも、お客様にワインをサービスする担当者のことは、「ワイン・スチュワード」とか「ワイン・ウエイター」と呼んでいた時代です。国内産のワインで一般的な銘柄は、一升瓶で売られていた「赤玉ポートワイン」でした。外国産のワインの輸入量自体が少ないし、それを出すレストランも限られていたのです。

——さて、どこでワインを勉強しようか。

私は首をひねりました。本場フランスやイタリアのワインを勉強するならば、一流のレストランかホテルに入らなければなりません。

「サービスはメジャーリーグを目指せ」

この時私が学んだのは、この言葉でした。つまり一流のサービスを目指したいなら、とにかく誰か紹介者を探して、どんな手を使ってもいいから一流のホテルやレストラン、つまり飲食業界のメジャーリーグに職を得ないといけないと実感したのです。

それは、マイナーリーグ、つまり町場のそこそこのレストランに就職した友人たちを見ていて感じたことです。マイナーリーグでは、扱う食材も酒も、やはりそこそこのものでしかありません。集まってくるスタッフのレベルもそこそこ。そして、お客さんの食や飲み物に対する意識も、それほど高いとは思えません。

――これでは修業にならないな。

私は友人たちの働く環境を見てそう思いました。

そこで私はつてを頼って、とにかくメジャーリーグを目指すことにしました。知人に頭を下げ、履歴書を書き、面接を繰り返しながら、少しでも上の店を目指したのです。

その努力の甲斐あって、私は当時銀座で「そこにパリがある」と言われたレストラン「マキシム・ド・パリ」に入店することに成功しました。全盛期だったソニーの副社長、盛田昭夫さんが情熱を傾けてつくったレストランです。銀座四丁目の角にあるソニービルの地下一階に赤絨毯《じゅうたん》が敷かれたエントランスがあり、螺旋《らせん》階段を降りていくと地下四階にメインダイニングが広がっています。内装は、パリにある当時の世界一のレストラン「マキシム・ド・パリ」そっくりにつくられていました。多少寸法は違ったそうですが、同じ材料で同じデザイン、壁画は画家をパリに送り模写させたという凝《こ》りようです。建物に二億八〇〇〇万円かかり、内装にもそれと同じ金額がかかったといわれる、アールヌーボー調の重厚なデザインが印象的でした。

六六年の開店当初の「マキシム」では、厨房と表方のサービスに、それぞれ四人ずつフランス人が雇われていました。初代料理長は、当時ミシュランの二つ星、のちに三つ星となる「トロワグロ」のピエール・トロワグロ。どのスタッフも、パリの「マキシム・ド・パリ」から送り込まれた精鋭たちでした。さらにダイニングでは、フランス人四人の楽団が絶えず演奏もしていました。

のち、パリの本店がミシュランの三つ星をなくした時、支配人のアルベール氏はこう言ったそうです。

「ミシュランの星など結構です。当店はレストランではなく劇場ですから」、と。

私はその店で、初めて本格的なフランスワインを扱うようになり、フレンチスタイルのレストランサービスと出会い、その神髄を学んで行ったのです。

「マキシム」のサービスシステムは、完璧なチームワークでした。

私が入店した昭和四五年当時の厨房の料理長は、フランス人のミルゴンと日本人の浅野和夫さんの二人体制。表方のサービススタッフのトップは、フランス人のディレクトール（総支配人）にシャルル・ボードン、日本人の総支配人に秋山隆哉さん。その下にメートルが六人、その下につくシェフ・ド・ランが六人、さらに見習い扱いのコミ・ド・キュイジーヌ（以下コミ）が一〇名程度いました。

つまり、表方のスタッフは満卓で八〇人～一〇〇人入るダイニングをいくつかに区切り、そこに「メートル－シェフ・ド・ラン－コミ」が三人一組になったチームを配置して、何卓かずつサービスさせるシステムです。

私たちソムリエは、シェフ・ソムリエの下にコミ・ソムリエが付き、メインダイニング全体を見るシステムでした。驚いたことに、私たちソムリエはお皿を一切持つことが許されませんでした。グラスに注ぐもの全て（ワイン、ビール、ソフトドリンク、水等々）がソムリエの担当で、それ以外のことに手出しすると怒られました。

逆にサービススタッフは、お客様の水のグラスが空になっていても、水を注ぐことができません。「あそこ、空いているよ」と教えてはくれますが、それ以上のことはしないのです。またソムリエはメートル以下のチームに入れず、遊軍のように全てのテーブルを担当しなければなりません。ずいぶんシステマチックなんだなというのが、最初の感想でした。

デクパージュとの出会い

「マキシム」でもう一つ驚いたのは、サービスマンたちが厨房からお客様に運ぶ料理が、個人用の皿に盛ったものが一つもないことでした。全ての料理は、大きな銀皿に山盛り状態で出てきて、お客様の前でサービスマンたちが切り分けるのです。たとえ一人でやってきたお客様でも同じです。

たとえば、肉料理では、「ステーキ・オゥ・ポワブル」という名のペッパーステーキが人気でした。

肉は厨房から銅の鍋に載って出てきます。温かい皿にとりだして、鍋にブランデーを振りかけて火をつけ、香りづけします。その鍋にフォンドボー（仔牛肉のだし汁）、マデーラ酒かポルト酒を入れてソースを煮詰め、塩、胡椒、バターを入れてとろみをつけて、そこに肉を戻します。この段階で、すでに鍋からはバター風味一杯の美味しいソースの香りがダイニングに広がります。お腹をすかせたお客様のお腹がぐーっと鳴る音も聞こえてきそうです。

肉料理の場合、焼き加減の指示は厨房で出されています。通常はミディアムの若い感じの焼き加減で出てくるのですが、ソースづくりにてまどっていると、肉にどんどん火が入ってしまって硬くなってしまいます。ソースづくりの手際がポイントなのです。

「ステーキ・ディアンヌ」という料理では、生肉を五ミリ程度に薄く伸ばして、大きなフライパンで火にかけて焼きます。肉を取り出して残った肉汁をコニャックで溶かして、フォンドボー、リーペリンソース、エーワンソース、バター、そこに塩胡椒をしてできあがったソースを肉にかけて完成です。

この間、ソースの味見は一回だけです。何度も塩や胡椒の加減を調節するわけにはいきません。

なぜなら、何回も味見をするとお客様が不安になるからです。「このサービスの人、味覚は大丈夫なのかしら」と思われたら、せっかく美味しくできた料理も台無しになります。一回でびしっと味を決めるのが優秀なサービスマンの条件です。

肉料理だけでなく、サラダも大きなボールに入ってきて、目の前でドレッシングをつくって取り分けた野菜の上に振りかけました。冬場の牡蠣《かき》もお客様の目の前でフライパンに牛乳とバターをたっぷり入れてソテー（炒め）していました。鶏肉の関節を外して切り分けたり、鶏の身体から出る血を絞り取ってソースにしたり、とにかくありとあらゆる技術を駆使して、てきぱきとサービスが展開されていました。

その光景を想像してみてください。広いダイニングのあちこちでこのサービスが展開されているのですから、当然のこととしてバターや肉やお酒等の素晴らしい香りが部屋一杯に広がります。目の前でサービスマンが食材を扱うたびに、お客様との会話も弾みます。

食材、香り、会話、そしてお客様たちの華やかな衣裳、フランス人楽団が奏でる艶やかな音楽――。

視覚、嗅覚、味覚、聴覚、全てに圧倒的に心地よい刺激が満ち満ちているのです。これこそが本場のレストランの華やかさ、大人の社交の世界、男と女の蠱惑《こわく》的な出会いの場なのです。

これが私が求めたメジャーリーグでした。この凝縮された快楽の世界を味わわなければ、修業とはいえません。そのレストランで、私は「デクパージュ」というやり方をこの時初めて目にしたのです。

――いつかあの技術を絶対に自分のものとしたい。

私はそう思って、ワインをサービスしながらも、サービススタッフの手さばき、身体の使い方、食材の扱い方、ナイフとフォークの扱い方等々を凝視していました。

それが、のち別の店に移って支配人になってからのサービスにつながったのです。

2 世界を歩いてきたお客様に学ぶ日々

高級ワインの味を知る方法

このころ、私がサービスや立ち居振る舞いの師として仰いでいたのは、店の先輩たちでもありましたが、それ以上に店にやってくるお客様たちでした。

私が「マキシム」に入店した昭和四五年といえば、まだ一ドル＝三六〇円の時代です。やってくるお客様の八割以上は外人客でした。日本人のお客様にしても、ほとんどの方が海外滞在経験があるか、仕事で海岸を飛び回っているようなＶＩＰたちで、身のこなしが日本人とは全く違います。「さすがはメジャーリーグのお客様」、とため息が出そうな方たちばかりでした。

私はそういうお客様の優雅な振る舞いを見ては、歩き方、スーツの着こなし方、靴の選び方、女性のエスコートの仕方、椅子の引き方、テーブルへの手の置きかた等々を学んでいったのです。

「一流のお客様の身のこなしを真似ること」

それもまた、サービスの極意です。

日本の芸事でも、「真似る―真似ぶ―学ぶ」という段階を踏むといいますが、お客様を真似ることこそが、一流のサービスマンになるための一つのステップなのです。

ワインの飲み方も同様です。

当時私は、ソムリエとして店でワインを扱ってはいても、自分のお金では高価な輸入ワインはなかなか飲めませんでした。「マキシム」のワインセラーには、ブルゴーニュやボルドーの七〇年代のヴィンテージ等、当時としては貴重なワインがたくさん保存されていましたから、「これは一度飲んでみたい」と思う時があります。飲まなければソムリエとしての修業にならないのですから、そういうときはなんとか工夫するのです。

たとえばこんなやり方です。

「お客様、今日の料理にはこのワインがぴったりです。ちょうどいいヴィンテージのものがありますから、今夜は少し冒険されてはいかがですか?」

ソムリエとしての仕事に慣れてきて、ある程度顔なじみのお客様ができるようになると、私はそう言ってワインを勧めました。そしてこう付け加えるのです。

「そろそろこのヴィンテージは飲めなくなりますよ」、と。

そう言うと、懐《ふところ》に余裕があるお客様は「それじゃいただいておこうか」ということになります。そうなればしめたものです。

そのクラスのワインになれば、デカンティング(ワインを他のボトルに移しかえて味を落ち着かせること)する場合もありますし、抜栓した時に、ワインが傷んでいないか試飲しなければなりません。そういう時に、少し口に含んで味を確かめるのです。

あるいは、ボトルで頼まれたお客様が、飲み終わる前に「残りは君たちで飲んでおきたまえ」と、少し残しておいてくれることもあります。

いずれにしても様々な機会を利用して、高価なワインが自分の口に入るように工夫したのです。そうやってワインの味とヴィンテージの特徴を覚えていきました。

一流レストランを知り尽くしているお客様たち

私が「マキシム」で働いていた当時は、世界中から毎晩のようにＶＩＰがやってきていました。それはそれは、夢のような世界が広がっていたのです。

芸術家では東郷青児先生、科学者では江崎玲於奈氏、芸能の世界からはダイアナ・ロス、アンディ・ウィリアムス、ハービー・ハンコック、ジョン・ウェイン、マリア・カラス、等々。もちろん盛田昭夫さんご夫妻も、毎日のようにお顔を出されていました。

その他、前にも書きましたように、いらっしゃるお客様は皆世界中の一流レストランを知り尽くしている方たちばかりでした。そういう方たちを相手にサービスしていると、「サービスは形ではないのだな」と実感できます。つまり、のちにこの国を席巻したマニュアルのようなサービスでは、こういう方たちを満足させることはできないのです。

一人一人、一瞬一瞬、サービスは全て変化していきます。

「サービスは一期一会なり」

震災後、テレビＣＭで「みんなちがって、みんないい」という金子みすゞの詩が繰り返し流れていましたが、まさにあの感じ。人により、場により、その日によってサービスは常に変化していくというのが私の実感でした。

たとえば、ワイン通のお客様が見えてブルゴーニュ・ワインを注文された時、私がグラスに注ごうとすると「少し硬いからデカンティングしろ」と言われることがありました。通常ブルゴーニュ・ワインは余りデカンティングをしないのですが、テイスティング（試飲）してみた時に少し味が硬かったので、デカンティングして室温に触れさせて、ワインの花を開かせようとされたのです。

――そういう飲み方もあるんだ。

私にとっては新鮮な驚きでした。こういうふうに、まさに「カスタマイズしたサービス」にこそ本質があるのです。

あるいは、隣のテーブルの人があるワインを注文していた時、「そんなワインは美味しいとはいわないんだよ」と横から口を出して、「ちょっと飲ませろ」と勝手にテイスティングし始める常連のお客様もいました。

「これはワインとは言わない。ちょっとこちらのを飲んでみろ」

今度はそう言って、自分のワインを隣のテーブルのお客様に飲ませようとします。

「これが美味いワインというものだ」

そういって、嬉しそうににこりと笑うのです。かなり強引な方ですが、本当にワインが好きでワインを愛していることがわかるので、隣のテーブルの方もその笑顔に頷いていました。

そういうお客様同士のやりとり、会話、話題、会話の間、服装、物腰、全てが私にとってはメジャーリーグの「師」になったのです。

「マキシム」での四年間、それは私にとってかけがえのない時の流れであり、初めて体験したメジャーリーグの喜びでもありました。以降、いくつかのレストランでのサービスを体験しますが、全てあの場での経験が基本になっていると思います。

3 銀座レカンと恵比寿ロブション

大物シェフの帰国ラッシュ

私がシェフ・ソムリエとして銀座の老舗レストラン「レカン」に入ったのは、一九八〇年（昭和五五年）。山口百恵が三浦友和との結婚を理由に芸能界を引退し、夏のモスクワ・オリンピックは参加ボイコット、国鉄に初の女性駅長登場といったニュースが街を賑わしていたころのことでした。

「レカン」は、銀座四丁目の宝石のミキモトがビルを建て替える時に企画したレストランで、タクシー会社と社員食堂会社を持っている「株式会社セーキ」が経営するレストランです。いまは二代目の矢野正隆氏が会長となって、銀座二丁目、上野駅構内等にも姉妹店をもっています。

初代料理長は、一九六五年にホテル・オークラにやってきて、当時開業三年目でまだ自分たちの味が確立されていなかったホテル・オークラの料理に革命をもたらしたと言われるロベルト・カイヨ氏。二代目は、ベルギー、フランスで修業を積み、とくに三つ星レストラン「トロワグロ」や全盛期のパリ「マキシム」で珠玉のソースづくりを学んできた井上旭氏、三代目は、やはりフランスの三つ星レストランで修業を積んできた城悦男氏と、いずれも超一流のシェフでした。

その顧客もまた素晴らしい。作家の池波正太郎、有吉佐和子等、食通中の食通が通う店として有名だったのです。当時の町場のレストランとしては、銀座には「マキシム」、ポール・ボキューズと業務提携して一世を風靡《ふうび》した「レンガ屋」、日比谷には「アピシウス」、六本木には「レジャンス」や「白亜館」がありました。

このころは、六〇年代後半から七〇年代にかけてヨーロッパに渡って修業していたシエフたちが続々と帰国して、新しい店が次々とオープンしているころでした。俗に「第一期フレンチ黄金時代」と呼ばれたころです。

すでに「レカン」の総料理長を卒業していた井上旭氏は、京橋の「ドゥ・ロアンヌ」を経て、ついに自分の店「京橋シェ・イノ」を開きます。のちにホテル西洋銀座の総料理長を経て東京ドームホテルの総料理長になる鎌田昭男氏は、このころ六本木に「オー・シュヴァル・ブラン」を開きました。石鍋裕シェフは六本木に「クイーン・アリス」を開き、フランス修業時代の井上さんの友人でもあった城悦男シェフ（のち、六本木「ヴァンサン」のオーナーシェフ）は「レカン」の総料理長に就任したばかりでした。

四日間の売上が二〇〇〇万円

シェフ・ソムリエとして入店した私の使命は、とにかくワインの売上を上げることでした。当時の一流レストランの平均としては、売上の二割をワインが占めていないとソムリエの働きは認められませんでした。その数字を維持することが目標だったのです。

ところが「レカン」に入店してみてショックだったのは、狭い四畳間程度のワインセラーの中が余りに貧弱だったこと。あのころはワインの在庫を持つことができずに、当座必要な物しか買わないという方針だったのです。

それも無理はありません。日本に本格的なワインブームがやってくるのは、私が「レカン」時代に一緒にワインの勉強会をやっていた田崎真也氏が、世界ソムリエコンクールに優勝した九五年以降のことです。それまでは、お客様の中にもいい料理にいいワインを合わせよう（マリアージュといいます）というような意識は希薄で、「ワインなんか適当な物があればいい」という方も少なくなかったのです。

――こんなワインリストで売上が上がるかな？

当時の私は、途方に暮れたものです。

ところが私の入店直後に、業界内から朗報がもたらされました。

――「マキシム」が在庫のビンテージワインを売りに出すらしい。

その話を聞いた瞬間に、私は小躍りしました。なぜなら私は、その三年前まで「マキシム」でソムリエをやっていましたから、「マキシム」のワインセラーにどんなワインが何本くらいあるかを熟知していたのです。

聞けば「マキシム」の当時の社長が、経営難を乗り切るために在庫処分を決断したのだとか。経営者はソニー本隊からやってきた人でしたから、ワインのことなど余り興味はなかったのだと思います。

どんな理由であろうとも、これはチャンスです。私は「レカン」のオーナーに直訴して、「マキシム」が放出するワインを問屋経由で買えるだけ買っていただくことにしました。

「マキシム」のワインセラーには、七〇年代のボルドーのグランクリュ（特級）がほとんど揃っていました。こんなラインナップは、フランス本国に行っていくらお金を出しても買えるものではありません。

そのワインが、格安の値段で手に入ったのですから、こんなチャンスはありませんでした。

余談ですが、この時「マキシム」のワインを大量に買ったのは、シティホテルとリゾートホテル群を持つ某財閥の会長だったとか。この時「マキシム」からは、ワインだけでなく、シェフ・ソムリエもこの財閥に移籍してしまいました。

いまから振り返れば、日本経済はこの数年後にバブルを迎え、飲食業界は狂乱景気に沸くわけですから、「マキシム」は惜しいことをしたものです。逆に「レカン」とこの財閥は、ずいぶん美味しい買い物をさせてもらったことになります。

この時七〇年代のボルドーが大量に買えたことで、「レカン」はずいぶん助かりました。おかげで、バブル期のクリスマスの「レカン」の売上は、四日間で約二〇〇〇万円余り。普段は五〇席しかないところに六五席もつくって、連日一・五回転させながら料理と高級ワインのサービスにあたりました。

もちろんその間はとても自宅には帰れません。私は城シェフと一緒に銀座のホテルに泊り込んで、押し寄せるお客様をさばく作戦を立てたものです。

ワインは学べば学ぶほど奥が深い

「レカン」時代、私は途中からメートルになりましたが、もちろんワインの勉強は続けていました。殊にハイライトは、当時『グルマン』という、いまのミシュランに相当するようなグルメ雑誌をほとんど自腹で取材発行していた（のちに料理評論家の第一人者になる）山本益博さんや、ソムリエ世界一に輝く田崎真也さんたち六人でワインの勉強会を開いていたことです。そこには、のちに『ワイン王国』という雑誌を創刊することになる原田勳さんも参加していました。

振り返ればお客さんとして初めて来店されたころの原田さんは、ワインリストを差し出しても、「ワインなんかいらない」と言うような方でした。ところが私が勧めるワインを飲まれるようになって、徐々にワインに目覚め、勉強会に参加してその虜になり、ついには専門誌まで発行するようになってしまったのです。まことにワインは罪深い飲み物だと言う以外ありません。

その勉強会の場所は、六本木の「ミスター・スタンプス」というワインバーでした。そこで月に一回、毎回テーマを決めてワインを持ち寄り、ヴィンテージや生産者による味の違い等を学んでいったのです。ブルゴーニュやボルドーはもちろんのこと、アルザス、コート・ドュ・ローヌ、プロヴァンス、ラングドック・ルシオン、ロワール等々、フランスの地方ワインも大いに勉強しました。フランス料理の本質は地方料理にありといわれていますから、ワインも実は地方にこそいぶし銀のような生産者がいるのです。

そういうワインを取り寄せて、その奥の深さを味わいました。飲めば飲むほど味わいが深まるし、料理との相性もある。季節によっても味わいも違う。

そういうワインの本質に触れられたのは、この勉強会のおかげだったと思っています。

ワインを学ぶようになってから、私の日常で変わったことがあります。

それは、刺激の強い料理に手を出さないようになったこと。

「マキシム」時代から、甘いものや辛いもの、刺激が強い料理は食べないようになりました。なぜなら、舌の感覚が麻痺して自分の味覚が変わってしまうのが怖いからです。ことにカレーはいけません。食べるとワインの味がさっぱりわからなくなります。エスニック料理も駄目です。

余り長い間そういう料理に手を出さなかったので、いつのまにか、それらを食べるとお腹を壊す体質になってしまいました。いまもそれは続いています。

つまり今でも私は、現役のソムリエであるという証拠かもしれません。

ロンドンのサービスは驚きの連続

「レカン」の支配人を約六年（在籍は約十年）つとめたあと、私は縁あって日本企業がロンドンに開いたレストラン「ミラベル」のオープニング責任者（マネージャー）としてイギリスに渡ることになりました。この時は「日本で磨いたサービスという自分の仕事が世界で通用するのか」というチャレンジでもありました。日本のサービスが世界で通用するのか確かめたかったのです。

渡英してみて改めて感じたのは、欧米人は日本人と物の考え方が根本的に違うということでした。サービスや料理の技術にあまり差は感じませんでしたが、考え方は根本から違うのです。

たとえば、レストランスタッフの社会的なポジショニングは、賄い料理を見れば一目瞭然でした。イギリスのレストランの賄い料理は圧倒的に不味《まず》いのです。毎日毎日ジャガイモ料理の連続。せいぜい挽き肉が入っている程度。つまり、料理人やサービスマンの社会的な地位が低いのです。

そういう厳然とした階級社会ですから、接客するときも相手の地位をしっかりと把握することが大切です。これを間違うと、二度と来店してくれないどころか、悪い風評が立って、経営に響いてきます。

日本人は「貴族」と一括りにしてしまいますが、向こうでは「サー」と呼ばれる人と

「ミロード」と呼ばれる人では身分が異なります。王侯貴族なのか領主様なのか、そういう区別が厳然として残っていました。

また、日本では想像もできないくらいの大金持ちのお客様もいらっしゃいました。ユダヤ人の大金持ちがいらっしゃるときには、レストラン内にお祓い所を設けて、料理する食材はお祓いしてからでないと厨房に回せません。キッチンも二カ所にして、他の人とは別のところで料理しないといけないのです。そういう設備をつくらないとユダヤ人のお金持ちは来店しないというのですから、設備投資も大変です。

また、当然のことながら宗教的にも様々な違いがありますから、サービススタッフはそれらを熟知していないといけないわけです。

フランクなように見えて、実は裏側にはしっかりと残っている階級意識。相手をいかに騙すかと虎視眈々構えている処世術。そういうものも肌で感じました。笑顔で話していても、お互いの腹の内は決して見せない、明かさない。そんな、日本にはない苦労の連続だったのです。

三つ星レストランの開業責任者に

ロンドンでのレストラン開業マネージャーを二年勤め、無事軌道に乗ったことを確かめて、私は帰国して恵比寿に建設中だった「シャトーレストラン　タイユバン・ロブションン」（現「ジョエル・ロブション」）のオープニング支配人となりました。ここでの仕事は、それまでの経験を総動員して、世界に誇る三つ星レストランを日本につくることでした。

ジョエル・ロブションといえば、フレンチの業界では「世紀のシェフ」「フレンチの神様」といわれるグラン・シェフ（大料理長）です。三十一歳で、フランス国家が制定するＭＯＦ（国家最優秀職人賞）を受賞し、三十六歳で独立（「ジャマン」開業）、翌年にはミシュランの一つ星獲得、翌々年は二つ星、そして開業わずか三年目で三つ星を獲得するという偉業を達成した「伝説のシェフ」でもあります。

日本との関わりも深く、三十一歳の時には兄貴分のグラン・シェフ、ポール・ボキューズと共に初来日して、日本料理のシンプルな盛り付けや軽やかなソースに影響を受けたといわれています。その後パリのホテル・ニッコー・ド・パリのレストラン「レ・セレブリテ」の料理長を務め、この店もわずか三年で二つ星に導きました。
そのロブションが、世界で初めて海外でレストランをプロデュースしたのが、恵比寿にできた「タイユバン・ロブション」だったのです。

――あのロブションと仕事ができる。

私にとってもそれはやり甲斐のある仕事でした。表方のサービス部門は全て私に任せてくれるということだったので、恥ずかしい仕事はできないとはりきったものです。

「これでは自分たちサービスの仕事にならないから、設計図を変えてください」

それが恵比寿のレストランに出社した私の第一声でした。当時はまだ建設が進んでいる最中だったのですが、設計図を見ただけで、サービスの動線が窮屈なことに気づきました。窮屈というよりも、お客様に失礼な動線になっていたのです。

たとえば、メインダイニングは二階にあるのですが、設計図を見ると、螺旋階段を昇ると小さなフロアがあり、そこにデスクを置いてレジをやるという計画でした。これではお金を扱うところがお客様に丸見えです。お客様にとっても不愉快だし、サービスマンにしても、見られたくない所を見られてしまうことになります。

設計図を見ると、二階のフロアに人目につかないスペースがありました。聞くとそこは倉庫だといいます。

「じゃ、ここにレジを置こう」

私はそう即断して、設計図の改良を指示しました。そこから配線やレジ機能のやり直しになりましたが、開業していなくて胸をなで下ろしたものです。あのまま開業していたらと思うと――背中に冷たいものが走る瞬間でした。

その他「タイユバン・ロブション」では、お皿やカトラリー（スプーン、フォーク、ナイフ類）、テーブルクロス、家具等、あらゆる内装や什器類の選定を手がけました。それらは、いまもあの店で活躍しているはずです。

のち、ミシュランが日本に乗り込んできた時に、最初に三つ星に輝いたのが「ロブション」でした。私はとうに退職していましたが、自分の遺志が評価されたような気がして、悪くない気分に浸ったものです。

ある意味で「ロブション」は、私のサービスマン人生の集大成でもありました。

第三章

サービスは「細部」にこそ宿る

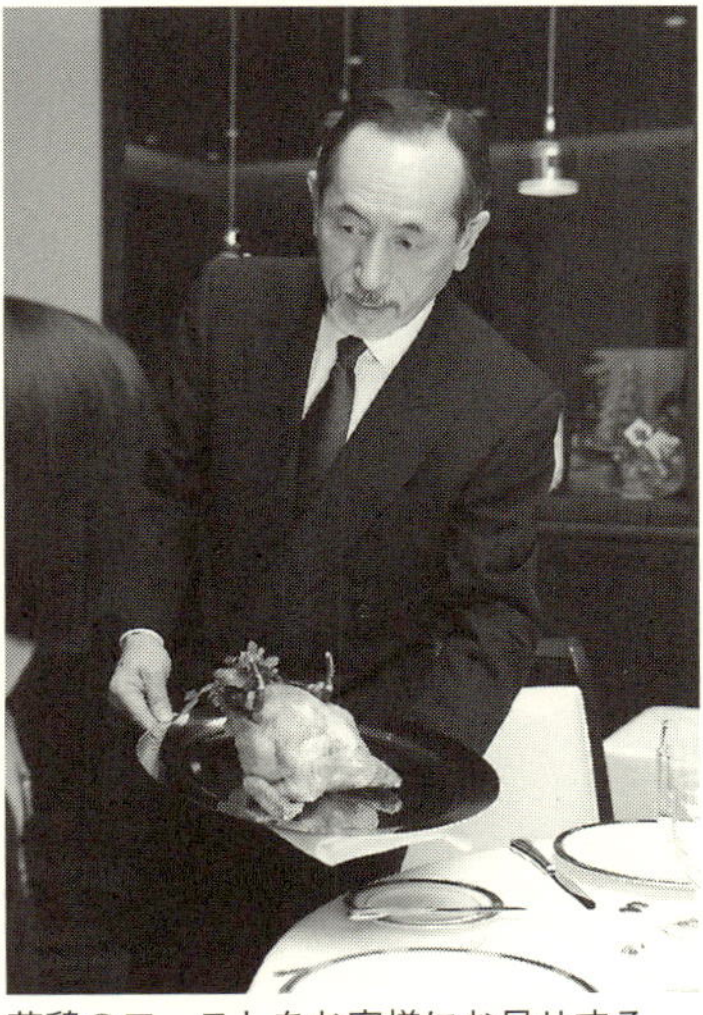

若鶏のローストをお客様にお見せする

1 常に人から見られているという意識を持つ

決してお尻を入り口に向けない

一流のサービスマンたる最大の条件――。

それは、ひと言でいえば「お客様の視点を持てるかどうか」だと私は考えています。

「お客様の視点」とは、自分で自分を客観視できるかということ。

たとえばワインをグラスに注ぐ一瞬、お客様の目の前でデクパージュをする刹那、サービスマンならば誰もがそつなく美しく振る舞おうとするはずです。

ところがその仕草を自分の側からしか見られなかったら、どんなに美しく振る舞ってもそれは独りよがりに過ぎません。大切なのは、

「**お客様の側から見た時に美しいかどうか**」。

お客様の視点で自分のサービスの姿が見えるくらいでないと、一流のサービスマンと

はいえないのです。

ことにお客様にとって、テーブル回りのサービスで気になるのは、ワイシャツの袖口や指先の爪、着ているスーツのプレスの状態、あるいはふと視線を足元に落とした時の靴の磨かれ方です。そういうところに「甘さ」があると、いくらそつなくワインを注いでもらっても、美味しそうな料理を持ってこられても、お客様としては気持ちが萎《な》えてしまうのです。

サービスマンは、そういう「細部」への視線を十二分に気にしながらサービスに当たらなければなりません。

しかもレストランの現場では、お客様の視線は一方向からだけ注がれるわけではありません。目の前のテーブルのお客様にサービスをしている時でも、後ろのテーブルや横のテーブルからも視線は飛んできています。時には死角となっている通路からも視線が飛んでくるでしょうし、いままさにエントランスからダイニングに入ろうとするお客様からの視線もあります。場合によっては、ガラス越しに店の外からも「未来のお客様」の視線を浴びているかもしれません。

そう考えると、サービスマンが意識しなければならない角度は三六〇度。常に全方位から「見られている」という意識を持つ必要があります。

さらにいえば、その意識が必要なのは、店がオープンしている営業時間内だけのことではありません。

あとでも述べますが、私は、開店前の準備段階でも、テーブルクロスをかけたり掃除をしたりする時に、けっしてお尻を入り口に向けないように指導しています。

なぜなら、「CLOSE」の札がかかっていても、突然入ってくるお客様がいないとは限らないからです。万が一お客様が扉を開けて入ってきた時に、無防備にお尻を向けていたら余りにも失礼です。

また後ろを向いていると、場合によってはお客様の入店に気付かずに、応対が遅れてしまうこともあります。お客様の「気配」を感じられずに応対のタイミングが遅くなってしまうことは、サービスの美しさとかセオリーとか言う前に、サービスマンとしては非常に「恥ずかしいこと」だと肝に銘じてください。

「人に見られているという意識」は、店がオフの時、自分が休みを取っている時にも払われるべきだと私は考えます。プライベートで街を歩いている時でも、私たちはいつどこで馴染のお客様に出会うかわかりません。あるいはこちらでは気付かなくても、「あら、あの人はあのレストランのサービスの人ね」と気付かれる人がいないとも限りません。

そういう時に、あまりに無神経な服装をしていたり、TPOにそぐわない出で立ちをしていたりすると、自分だけでなく店の印象まで台無しになります。

私はなにも、「オフの時もお洒落をしなさい」と言っているわけではありません。高級な服、高級な靴を選びなさいと言っているわけではないのです。

大切なのは、オフの時、プライベートで街を歩く時にも「人から見られている」という意識をもつことです。人から見て「あら、なんでこの場所であんな格好をしているの?」と思われないような服装を選ぶこと。店のお客様とたまたま出会って立ち話が始まった時、相手が気恥ずかしくなるような格好をしていないこと。場所とそこにいる人と季節と自分の立場をわきまえて、それに「相応しい」格好をすることです。

それが「人にみられている意識」というものです。サービスマンとして生きていくなら、それくらいの意識は常にもっていなければなりません。

先入観を取り払う

すでに「サービスは一期一会だ」と書きました。マニュアル通りの応対をしていればいいのではなく、その日、その時、その人に見合ったカスタマイズされた対応をすることが一流のサービスの絶対条件だと書いてきました。

その鉄則を裏返せば、「同じ人でもこの前の来店時と今度では違う人と思え」ということでもあります。

私は、お客様がご来店された時に、まず「先入観を消す」ことに意識を集中しました。

常連さんで気心も知れているし、料理も酒も好みも知っているから今度も同じサービスで大丈夫だろう――、そう思っていつもと同じパターンで接客して、大失敗したことが何回かあるからです。

「いつもと同じオードブルからいきますか？」

気軽にそんな風に言葉をかけてから、しまったと思ってももう遅いのです。

「今日はとてもそんな気分じゃないんだ。ちょっと放っておいてくれないかな」

そう返されてしまったことがありました。改めてお客様の顔色をじっくりと窺うと、何か深刻な問題でも抱えていらっしゃるのか、表情も優れません。どんな悩みなのかわかりませんが、こんな深刻な時にはもっと繊細な対応が必要でした。

常連さんだからこそ、入店時にその雰囲気や物腰から何かを察しなければならなかったのに――。

そう後悔することがしばしばありました。

何度もお見えになっている常連さんでも、精神状態や健康状態、あるいは抱えている事情は毎回違います。連れてこられたゲストによっては、目的も違います。

そういう「差異」に対応するために、サービスする側も、毎回頭の中を一度カラッポにする必要がある。そして改めてアンテナを研ぎ澄ませて、「今日のお客様のニーズ」

を察して、それに対応していかなければならない。

それがサービスの鉄則です。

そしてそのためには、サービスの「ひきだしの多様さ」も問われます。いつ、どこから、どんな弾が飛び出すかわからない状況の中で、常にそれを正確に打ち返せるサービスマンの「技術」が試されているわけです。

一流のサービスは、スタッフとお客様との共同作業で成立する

とはいえ、お客様の側にも、良質なサービスを受けるために一つ考えていただきたいことがあります。

それは、「サービスとはお客様とスタッフの共同作業によって成立するものだ」ということ。レストランで心地よく食事をするために、楽しくゲストと談笑するために、いい雰囲気の中で恋人と語り合うために、お客様の側にもある種の「貢献」をしていただきたいのです。

「何でお金を払っている側が貢献しなければならないのか！」

そう怒らずに聞いてください。私が言う「貢献」とは、お客様に一期一会のカスタマイズされたサービスを提供するために、必要不可欠なものなのです。

たいして難しいものではありません。それは「情報提供」です。

私は、いつも持ち歩く手帖にこんな言葉を刻んでいます。

「サービスとは当事者（お客様とサービスマン）の相互的、自主的な参加参画である」

お客様の「参加参画」とは、可能な限りその日の自分の事情、要望、目的、予算、健康状態等をスタッフに伝えることだと私は思います。

たとえば予約の電話を入れる時、「今度は○○業界のお客様をお連れするから」と伝えてくださるだけで、スタッフは心構えが違います。同じ日に同業の方から予約が入っていたら、声が聞こえないように離れたテーブルを用意しますし、サービスする時も、その業界の話題には触れないように心がけることも可能です。

「最近胃腸の調子が今一つなんだ」と仰っていただけたら、軽めの料理を用意します。お連れしたゲストには気付かれないように品数をおさえることも可能ですし、ポーション（一人分の分量）を小さくしてもいいでしょう。

「今日は初めての子を連れて行くから――」

そんな風に耳打ちする方もいらっしゃいます。男女関係をケアすることはサービスマンには必須のことですから、もちろん細心の注意を払ってサービスさせていただきます。

こんなふうに、お客様に可能な限り情報を「提供」していただけたら、サービススタッフはいかようにも対応できるのです。それが、お客様にとってもより心地よいサービスを味わうための「コツ」なのです。

初めての店を予約する時も「お店の情報をどこで仕入れたか」「どんな料理を期待しているか」「予算はどれくらいか」「お連れするゲストはどんな関係の方なのか」等々をさりげなくスタッフに伝えておくと、期待以上のサービスが受けられるはずです。

初めてなのに、常連客のような歓待を受けた――。これはお客様にとっても心地よいものですし、サービススタッフにとっても、やり甲斐のあることです。

そのための相互的自主的参画を。

お客様にも、そのことをお願いしたいと思います。

2 サービスは「情報産業」だ

顧客情報はメディアより早く把握する

かつて「レカン」の支配人を務めていたころ、とある紳士が常連になってくれたことがありました。毎月何回かご来店いただいて、そのつど高価なワインも開けてくださいます。連れてくるゲストも、毎回違った感じの方が多く、傍《かたわ》らには必ず美しい女性をお連れになっていました。

――さて、どんな業界の方なんだろう。

その方は、ご挨拶してもお名刺を出そうとされません。仕方がないので私は必死になって、新聞や雑誌、深夜のテレビニュース等をチェックしていきました。あるいはご来店された時のゲストとの会話を「耳ダンボ」にして聞いて、その方のプロフィールにつながる情報を入手しようと務めたのです（ちなみに「耳ダンボ」とは、ディズニーの映画に出てくる耳の大きな子象「ダンボ君」からとった言葉、「聞き耳を立てる」という意味です)。

このように、レストランのサービススタッフは、あらゆる角度からお客様の情報を得ようとします。長年現場で働いていれば、その人の出で立ちや会話の細部、話題等を総合して、だいたいあの業界の方じゃないか、こんな仕事をしている方だなとわかるようになるものです。それにしても正確な情報を得られるまでは、一抹の不安があります。なぜならば、サービスの途中でその方の仕事の核心に触れるような話題を振ってしまってはいけませんし、仕事関係や人間関係を壊すような情報を漏らしてしまっては、元も子もないからです。

サービスマンは、お客様の情報入手に関してはあらゆる手を使わなければなりません。もちろんそれにコストをかけるわけにはいきませんから、自分のアンテナを研ぎ澄ますのです。店内での会話、ゲストとの関係、請求書や領収書を使う場合はその宛先、それでもわからなければ、メディアの情報を確認する――。

本来であれば、店内での会話や、その方が帰られた後に残った部下たちの会話等から、情報を入手できなければ一流のサービスとはいえません。なによりも、情報ありきのビジネスといって過言ではありません。

さて、冒頭に記した謎の紳士のプロフィールは、なかなか私たちにもわかりませんでした。高価なワインを飲んでいただけるし、連れてくるゲストも女性も多彩だったので、何かバブルの匂いがしましたが、その詳細まではわかりませんでした。

ところがある日、その方のお顔とお名前が新聞の一面にバーンと載ったのです。

――ああ、そうだったのか。

私は一遍に腑《ふ》に落ちました。

「○○県知事、収賄で逮捕」

――道理でな。

胸につかえていたものが取れたとはいえ、なんだか虚しいような悲しいような、言いようのないやるせなさを覚えたものです。

名刺は情報の入り口

「ありがとうございます。お名刺を頂戴します」

店内でのサービスで、お客様からお名刺をいただけたら、こんなに嬉しいことはありません。そこにはサービスマンがほしい情報が満載だからです。

お名前を覚えるのはいうまでもありません。顧客データにも、会社名や連絡先等をすぐに登録できるでしょう。それは当然のことです。

それ以上に私たちサービスマンは、一枚の名刺からいろいろなことを読み取らなければなりません。

まずは、職業による「配慮」です。

予約の段階だったら、同じ業界の人を隣り合ったテーブルにするのは避けた方が賢明です。殊に政治家、役人、証券業界等のお客様は、込み入った相談事が始まるかもしれませんから、なるべくテーブルを離した方がいい。

あるいはマスコミ関係者も、なるべく離した方が賢明でしょう。

サービス途中の話題を選ぶのも、名刺での判断となります。

――この業界にこの話題はタブーだな、

――この会社の人にこの話題を振ると喜ぶな、
といった「時事ネタ」は、メディア情報等をチェックしながら、つねに準備しておくべきです。

またどの程度のワインを勧めればいいのかも、名刺情報が参考になります。

この日の来店が社用なのかプライベートなのか、接待なのか歓談程度のものなのか。名刺の肩書を見れば、だいたいの想像はつきます。そこそこの予算しかないであろう方に、あまり高いワインを勧めてしまっては、ホストに恥をかかせることになります。逆に接待予算をお持ちである方ならば、思い切って最高のワインをお勧めした方が、その日の商談がうまくいくケースもあります。その辺は、サービスマンの直感力が試されます。

そのためのあらゆる情報が、一枚の名刺に含まれているのです。

逆にお客様の側から見れば、レストランで自分の名刺を出すというのは、信頼の証だと思います。「これからもよろしく」という意味もあるのですから、それ以降のサービスを吟味してください。もし期待通りのサービスが受けられないなら、それはその店のサービスポリシーの甘さ以外の何物でもありません。気に入らなかったら、さっさと次の店を探すべきです。

店と、そのサービスを鍛えるためには、それくらいの厳しい審美眼が必要です。

「前回は〜」と言っていいのかどうか

私は、お客様のお名刺をいただいて顧客データをつくっても、少なくともご自宅にはむやみにDMは出しませんでした。常連のお客様がご来店なさった時も、「前回はありがとうございました」とか、「以前はこのワインをお召し上がりでした」というような、「前回の話題」を出す時は、相当注意したものです。

なぜなら、レストランのような飲食業は、ある意味で「大人の隠れ家」でなければいけない場所だからです。その時お連れになっているゲストとの関係や、その日店内ではち合わせたお客様同士の関係なども考えながら、話題を慎重に選ばなければなりません。

ことにご自宅にＤＭを送ったり電話をしたりするのは禁物です。以前御夫婦でご来店されて、奥様とも馴染の関係だったりすると、「あら、うちの主人は最近いつお宅に伺ったの？」などと、いらぬ詮索をかけられてしまったりします。女性の勘は鋭いものがあります。あとから取り繕おうとすると逆効果になってしまいます。

ひと言でいえば、「サービスで馴れ馴れしいのは駄目」なのです。サービスマンは少し冷たい印象くらいのほうがいい。レストランは大人同士の社交の場なのですから、互いに守るべきスタイルがあります。

その代わり、ひとたび何かの話題で意気投合したり、美味しい料理や酒をテーマに話題が盛り上がったりしたら、思い切ってお客様の懐《ふところ》に飛び込んでほしい。

それがお客様の望むレストランのサービスだと私は思います。

最近では「ツンデレ」という言葉もあるのだとか。それは、当初はツンとすました物腰で応対していながら、何か一つきっかけがあったら「デレッ」と寄り添ってくれるサービスを指します。ことに女性スタッフがこのコツをつかむと、男性のお客様からは喜ばれるのかもしれません。

それもまた、サービスのテクニックの一つです。

3 サービスはチームワーク

「ワインは重めと軽め、どちらに？」と聞くな

すでに述べましたが、レストランの基本的なサービスは三人一組で当たります。「メートル－シェフ・ド・ラン－コミ」、この三人のコンビネーションが良いか悪いかがサービスの全てといって過言ではありません。

テーブルに通されて、メニューを持って挨拶に来るのはメートルです。次におしぼりやお水を持ってくるのはシェフ・ド・ランかコミでしょう。彼らは三、四卓を担当して

いるのが普通ですから、必要に応じて入れ代わりながらやってきます。

この時、コミに伝えた情報が瞬時にメートルに伝わっているのか。あるいはメートルの勧めたメニューをシェフ・ド・ランが把握しているか。

その辺を観察していると、そのチームのサービスのレベルがわかります。

さらに、ソムリエがやってきてワインを勧める時にも、サービスのレベルが試されます。

「本日のワインは何になさいますか？」

胸にブドウのバッチを誇らしげにつけたソムリエが、恭《うやうや》しくワインリストを開いて差し出すとき、こう訊ねてみてください。

「すでに料理はオーダーしてあります。あの料理にあうワインをお願いできますか？」

この言葉に即座に対応できなかったら、そのソムリエは失格です。メートルとソムリエのコンビネーションがうまくいっていないと思っていい。お客様の料理のオーダーも知らずにワインを勧めようとするなんて、その店のサービスはこけ脅しです。

まして、「ワインは重めと軽め、どちらがお好みですか？」などと聞いてきたら、私なら即座に椅子を蹴って店を出ます。その店にいても、料理もワインもサービスも、全く期待できないからです。少なくともその言葉は、レストランを使い慣れワインに精通しているお客様に対して使う言葉ではありません。あまりに素人単語過ぎるのです。

そもそもワインに対して「重め、軽め」などという表現は、アメリカ式の発想からきています。アメリカでは、アルコール度数が高く味も複雑なワインを称して「フルボディ」と呼びます。それに準じて、日本でも同様のワインを「重い」と言うようになったのです。対照的に、果物のような香りと味のワインは「軽め」と呼びます。

ところが、このような呼び方はフランスにはありません。だから、そのお客様がワインの愛好家であることがわかったら、「どんな種類の葡萄を使ったワインがお好きですか?」と訊ねるべきです。あるいは「どの地方のワインをお持ちしましょうか」でもいいでしょう。「ピノノワールが飲みたいな」といえばブルゴーニュ、「カベルネソービニヨン」といえばボルドーのメドック地区、シャルドネといえばブルゴーニュの白等々。それらはワイン通にとっては基本知識ですが、ある程度のレベルの会話を楽しみたいお客様だと思ったら、このような専門用語を使ってサービスするべきです。

そういうサービスをするためには、チームとしてソムリエもあわせて四人で情報を共有しながらお客様へのサービスに当たらなければなりません。

すでに書いたように、サービスは情報産業ですから、少しでも早く正確にお客様の情報をつかまなければならないのです。一人で当たるよりも三人四人で情報を集めた方が、情報量も多くなりますし、正確さも増します。

それを共有していけば、かなりのレベルのサービスが提供できるはずなのです。

「あのお客様はワインには詳しそうだ」「あの人は前にも一度来店されている」「あの人は確か赤ワインがお好きだった」等々、チームの中で情報共有しながらサービスに当たれば、お客様との距離も縮まります。逆にそれができないと、離れてしまうだけです。

ワインが好きなお客様に「重め、軽め」などという素人のような勧め方をしてはいけません。それだけで、お客様は不愉快になります。

このチームワークは、チームをつくって一、二週間はぎくしゃくするものです。その間のサービスは、私（総支配人、ディレクトール）が補ったりしながら進めていきます。

そして私の場合は、ようやくチームワークができはじめたころ、約一カ月を目処に、チーム編成を組み換えるのが常でした。

その理由は、サービスの中に「慣れ」という怖さが出てくるから。そしてもう一つ、チームのリーダーとなるメートルごとにサービスの癖があるので、下のスタッフたちがそれに染まりきらないうちに、別のメートルのサービスを体験させるという意味もありました。

店内に複数のチームがある場合、お客様にとってはどのサービスチームに当たっても、満遍なく平均的なサービスを受けられることが望みです。だから、全てのチームのレベルが上がっていくように、人材もシャッフルすることが大切なのです。

メートルは人を育てられてこそ一人前

「レカン」時代、私の下には四人のメートルがいました。その下にシェフ・ド・ランとコミがいますから、総勢で一四、五人のスタッフを使っていたことになります。

でも私は、仕事が終わって飲みに行く時には、メートルしか誘いませんでした。それより下のスタッフたちには、「飲みに行くなら自分のメートルに誘ってもらえ」と言って、突き放していたのです。

その理由は、下のスタッフを育てることも、メートルの仕事の一つだと思っていたからです。私が直接彼らに物を教えるのではなく、私を通して学んだものをメートルから下のスタッフに伝えてほしかったからなのです。

メートルは、下のスタッフにサービスのあれこれを教えられなければなりません。逆にいえば、自分がやりやすいように、下のスタッフを教育すればいいのです。私（総支配人、ディレクトール）はそのメートルたちのやり方を見ています。チームでのサービス力がアップすればそのメートルの手柄、下がればそのメートルの責任。そういう厳しい目でメートルたちの仕事をチェックしていました。

その代わり、メートルに対しては、ある程度の自由裁量権を与えていました。

たとえば、常連のお客様が誕生日だといえば、メートルの裁量でグラスシャンパンをお出しするのもいいでしょう。新しいワインを仕入れた時は、「どうぞ味見してみてください」と、グラスでお出しするのも自由です。

各メートルに対しては、私が常に「目指すサービス」を語っていましたから、その方向性は同じだと信じています。その方向性さえ間違っていなければ、メートルはどんなことをしてもいいというのが私のやり方です。

メートルが私と同じ方向を向いていれば、シェフ・ド・ランもコミも同じ方向を向くはずです。もし仮に、下のスタッフが私と違う方向を向いていると感じたら、それはメートルの目指す方向性にブレがある証拠。そこでまた、メートルとの微調整が必要となります。

お客様も、レストランで若いサービススタッフから気持ちのいいサービスを受けたら、その子を大いに褒めてやってください。同時に、そのチームのメートルもまた褒めてほしいのです。そうやってこそ、サービススタッフは伸びていきます。次にその店に来るときには、もっと素晴らしいサービスが期待できるでしょう。

サービスはチームワーク。レストランの総支配人は、まさにオーケストラの指揮者でありプロ野球の監督です。対してメートルは、現場をリードするコンサートマスターでありキャプテンなのです。

そういう視点でお客様にサービスを見ていただき、育てていただけたら、日本の飲食業界のサービスレベルはもっともっとよくなるはずです。

ファミレスにもプラス思考でよりよいサービスを

――この本に書かれているのは、高級レストランのサービスのことだけなのかな？

そう思う読者もいらっしゃるでしょうか。

いいえ、私が語りたい「世界一のサービス」は、けっして高級店だけにあるわけではありません。個人が経営するレストランでも、ファミリーレストランでも、あるいは家庭でお客様をお迎えする時も、常に変わらないサービスの本質を語っているつもりです。

その一つに「サービスはチャレンジ」というものがあります。

どんな価格帯のレストランであろうと、どんな業態の店であろうと、サービスマンの思い一つでサービスは変わります。「もう一つ上のランクのサービスを実践しよう」と思うサービスマンがいれば、その店のサービスは向上し、雰囲気もよくなるはずです。

たとえば、かつてよく使っていたファミリーレストランに、こんなウエイトレスの子がいました。私はたまに数人で連れだってその店に行ったのですが、何人で行っても、持ってくる料理を間違えないでサーブできるのです。

ファミレスですから、オーダーをとる時に「繰り返させていただきます。○○が一つ、××が二つ」と確認していきます。そこまでは他のウエイトレスと一緒なのですが、そうやってオーダーをとっても、普通のウエイトレスは料理を持ってきた時に「○○はどなたですか?」と聞いてきます。オーダーをとる子とサーブするのが別の子なら仕方ないと思うのですが、同じウエイトレスでも同じように聞いてきます。せめてオーダー用紙に席順を書き込むなりして、「どのお客様にはどの料理」と覚えていてほしいものです。

ところがそのファミレスでは、一人のウエイトレスだけは、そんな確認はせずに、「おまちどおさまでした」という笑顔と共に、間違えずに一人一人の客の前に料理を置いていくのです。

客としたら、それだけでも何か嬉しいものです。すでに書きましたが、お客様が一番嫌がるのは放置されてしまうこと。無視されること。逆に最も嬉しいのは、「**覚えていてもらえること**」。

ファミレスとはいえ、いやファミレスだからこそ、ウエイトレスがオーダーを正確に覚えていたら、それだけで一つのサービスになり得ます。

かつて伊丹十三さんが監督した『タンポポ』という映画がありました。ラーメン屋を舞台にした物語でしたが、その中で、これからラーメン屋を開店しようとする女主人公（宮本信子演じる女性）が、ラーメンづくりは何もできない中で、満員のお客さんのオーダーだけは一瞬にして正確に覚えるという特技を発揮するシーンがありました。

つまり伊丹監督も、客にとってこの才がほんとうに嬉しいことを知っていたのです。そのことで、この主人公は店主の才能があるとして、物語は進んでいきました。まさにストーリーテラーとしては、炯眼《けいがん》だったと思います。

減点主義では成長しない

とはいえ、このことは、サービススタッフの側からは反論がありそうです。

おそらく、「そんなことをしたら、マニュアル違反だといって怒られる」という店が多いのではないでしょうか。ファミレスならば、なおさらマネージャーに睨《にら》まれてしまいそうです。私が密かに素晴らしいと思っていたウエイトレスも、その後姿をみなくなってしまいました。マネージャーから叱られて、辞めてしまったのかもしれません。

だとしたら、ほんとうに残念なことです。

「サービスはチャレンジ」と私は書きました。それは、サービスマンのやる気一つで、どんな店でも大きく成長する可能性を秘めているという意味です。コストカットに厳しいご時世ですから、食材のレベルをそうそうあげるわけにはいきません。内装や外装に凝るのも難しいでしょう。

ところがサービスだけは、この厳しい経済下にあっても、スタッフの努力と工夫一つでいかようにもレベルアップできる。見違えるようなサービスにすることができる。

ところが、それを阻んでいるのは、ひとえに「サービスの減点主義」なのです。すでに書いてきましたように、ファミレスでもスタッフによっては気持ちいいサービスが実現可能です。ところが、このような前向きなサービスをやっても、プラスの評価にはならない。逆に、前向きのサービスをすることで失敗が出てしまうと、しっかりとマイナスポイントがつけられてしまう。「余計なことをやらないで、マニュアル通りにやっていればいいんだ」というマネージャーがいたら、それだけでスタッフは萎縮《いしゅく》してしまいます。せっかくの前向きな気持ちが萎えて、お仕着せのサービスに成り下がってしまうのです。

レストランのオーナーやマネージャーには、ぜひここのポイントをお願いしたいと思います。

「サービスはチャレンジである」

「サービスは減点方式ではなく、得点方式で」

この意識改革がなされたら、スタッフのやる気はガラリとかわるはずです。店の雰囲気も、それまでとはうって変わって明るくなるでしょう。お客様もまた、サービスの進化に驚いて、喜んで常連になってくれるはずです。

それこそが店の成長であり、サービス業の醍醐味です。

「チャレンジャーでなければサービスマンではない」

全てのサービスマンのみなさん、この旗を掲げて、よりよいサービスを創造していこうではありませんか。

4 サービス料10％の意味

チップの代わりに始まった制度か

ところで読者のみなさんは、レストランやバーを利用して「サービス料」というものに疑問を感じたことはありませんか?

飲食業界をみても、全ての店にサービス料があるわけではありません。その基準はどこにあるのか。一〇％という数字は誰が決めているのか。支払われたサービス料は誰のものになるのか。

調べてみても、どうも日本の飲食業界には、明確な答えはないようなのです。

いつからサービス料が発生したのかというと、東京オリンピック（一九六四年）の開催前後のことのようです。このころ東京はホテル建設ラッシュで、ホテルオークラ、ホテルニューオータニ、東京プリンスホテル等が生まれました。外国人も多数来日したのですが、日本では「チップ」という習慣がなかなか馴染まなかったために、その代わりに「サービス料」として一定額を取るようになったといわれています。帝国ホテルあたりがその嚆矢《こうし》とか。やがてその習慣は、ホテルから町場の高級レストランやバーに広まって行ったのでしょう。

ちなみに私が勤めていた時代の「マキシム」では、サービス料を支払った上に多くのお客様がチップを置いていってくださっていたと記憶しています。前述しましたが、全盛期には、ひと月のチップの総額が二七〇〇万円程度もあったとか。宝くじの一等賞が一〇〇〇万円の時代に、です。それを総支配人がとりまとめ、厨房とサービスのスタッフ全員に、その序列に応じてポイント制にして配っていました。

これなら全従業員の励みになるし、「チップが貰えるサービスをしよう」という動機づけにもなります。

今日の問題は、この「サービス料」がチップのように明確にスタッフの手に渡っていないことだと私は思います。そこから大きな弊害が生まれているのです。

スタッフの意識付けになっていない

問題は、サービススタッフの側に、「サービス料を一〇％いただいている」という意識が希薄なことです。高級レストランでの支払い総額の一〇％といえば、相当な金額です。昨今のように、ファーストフードやファミレス等、価格破壊的なレストランも多いことを考えれば、一食食べられる位の金額をサービス料にとられている場合がありま す。

当然お客様としては、その金額に見合ったサービスを期待します。

ところがスタッフの側は、どんなにがんばっても自分たちの懐にそれが直接入ってくるわけではないので、「サービス料に見合ったサービスを」とは考えていないようです。むしろ当たり前のものとして、機械的にその金額を請求しているのではないでしょうか。

もちろんサービスとは、人的なものだけとは限りません。店の内装や外装の豪華さ、窓外に広がる景色、エントランスでの出迎え、クロークの存在等、様々な要素があるでしょう。それらに対して支払っている部分もあることは確かです。

けれど、やはりお客様のニーズが一番高いのは、人的なサービスです。「はじめに」で書きましたが、予約をいれているのに「少々お待ちください」と言ったり、大切なゲストをお連れしているのにトイレの前の席に座らされたりしたら、とてもサービス料を払おうという気にはなりません。

ホテルのロビーラウンジではコーヒーを飲んだだけでサービス料はとられますが、先日こんなことがありました。

大切なお客様と商談していたのですが、ウエイトレスが請求金額の書かれたレシートを、お客様の目の前においたのです。

「ちょっと待って」

私は即座にウエイトレスを呼び止めました。

「なぜレシートをお客様の前に置くのか？　君はこの席のホストは誰かわからないのか？」

サービス料をとる店のサービスマンであったら、その席のホストとゲストの区別は直感的に把握しなければなりません。ゲストの前にレシートを置くなんて、非常識もはなはだしい。そのサービスは失格です。それは、サービス料をとるに値しないサービスなのです。

このことを解決するには、やはり「サービス料はスタッフに配当する」というルールができないといけないと思います。現状では、経営者にとっては、サービス料も売上の一部になってしまっています。もちろん、そこから従業員の給料を支払うわけですから、循環していないわけではないのですが、少なくともインセンティブにはなっていない。

デフレ経済下にある日本で、サービス料をそのままスタッフに配当するには経営的にとても大きな壁があることは確かです。そんなことをしたら倒産してしまうという嘆きも聞こえてきます。

けれど、このままではサービスの質の向上もなかなか難しい。そこに大きな問題があると思います。

お客様からの意識付けを

現状でこれを解決するためには、少なくともお客様の側から「スタッフの意識付け」を試みていただくしかないと思います。それをするためには、「お客様の意識変革」も必要です。いい換えれば、サービスに不満があったら「それはサービス料に値しないね」と、お客様からスタッフにしっかりと主張してほしいのです。

たとえばこんなことがありました。とあるホテルの最上階のバーです。早い時間に入店して、客は私一人しかいませんでした。ちょうどそのあとに、この日誕生日を迎える後輩が来ることになっていました。私はふと気がついて「下の階のパティスリーからケーキを買ってこようか」と考えました。とはいえ待ち合わせの時間は迫っています。私がここにいないと、ゲストは不安になるでしょう。

そのことを考えて、私は店内に三人のスタッフがいることを確認した上で、一人に「下の店でケーキを買ってきてくれないか」と頼みました。ところが意外なことに、答えは「ノー」でした。自分にはこの店での仕事があるので、外に出ることはできないというのです。

えっ？

私はがっかりするよりも、むしろ意外でした。客は私一人。スタッフは三人。パティスリーは同じホテル内にあるのに、なぜ？

意外だったのは「ここでひと踏ん張りしてケーキを買ってきたら、このバーのファンが一人増えるのに」と思ったからです。

私ははっきりとこう伝えました。

「君のサービスには失望した。もうこの店を使う意味がないね」と。

バーで美味しい酒を出してくれるのは当たり前のことです。それだけではサービス料には値しません。そのバーは高層階にあり、西向きの大きな窓から美しい夕陽が見られることで有名なのですが、それだけでサービス料をとっているわけでもないでしょう。

何度も書いてきましたが、良質なサービスとは「カスタマイズされていること」。その日その時そのお客様の特別なニーズに答えられなかったら、それは居酒屋と同じです。サービス料を取るには値しない店なのです。

当然のことながら、私はそのバーには二度と足を向けていません。バーはいくらでもあります。同じお酒はどこででも飲めるのです。お客様がサービス料の一〇％を覚悟してもそのバー、そのレストランに足を運ぶのは、「私だけのためのサービスが期待できるから」。

お客様の足音が遠のいてからそのことに気付いても、後の祭りです。

第四章

レストラン・サービスの流れとその裏側

鶏のデクパージュ

1 まずは掃除から始まる

レストランが光る掃除のポイント

さて、これまでの章では、サービスとは何か、一流サービスマンの要素とは何かについて述べてきました。

では、飲食業のサービスの第一歩は何かといったら、みなさんはなんだと思われますか。

「飲食業のサービスの第一歩は、掃除から始まる」

私はそういって過不足はないと思っています。

私がオープニング総支配人を務めた「ロブション」(当時は「タイユバン・ロブション」)のジョエル・ロブション氏の厨房は、驚くほど磨き込まれていることで有名でした。料理よりも掃除の方が執念深いのではないかと言われていたほどです。

日本でも、ミシュランの三つ星に輝く銀座の寿司屋「すきやばし次郎」は、見事に掃除が徹底しています。ロブション氏がこの店を訪ねた時に、「寿司もフランス料理も基本は同じだ」と感嘆されたとか。

あるいは三田のフランス料理レストラン「コート・ドール」も、シェフの斉須政雄氏のポリシーが徹底していて、厨房はピカピカです。オーダーが立て込む一番忙しい時間でも、料理が表にでた瞬間にフライパンや鍋等は洗い場に行き、調理台の上は何事もなかったかのように綺麗になります。

どこの国でもどんな料理でも、一流の料理人の思想は同じなのです。

表方のサービスもまた、同様です。

開店前の時間は、主に掃除をすることに費やされるといって過言ではありません。

床やトイレ、廊下を磨き上げることはもちろんのこと、テーブルや椅子の脚、壁面の下部、そういうところに靴の跡があったりすると、目が肥えているお客様からは「あぁここはこの程度の店なのか」と思われてしまいます。

「掃除が徹底していない店に何を期待しても無駄」なのです。

私は「タイユバン・ロブション」時代には、早朝七時から出勤して、スタッフに対して執拗《しつよう》に掃除の指示を出しました。たとえ営業中であっても、『**汚れている箇所をみつけたらすぐに拭く、磨く、ごみを拾う**』が鉄則です。トイレなど特にそうですが、汚れてもすぐに拭けば汚れは綺麗に落ちるものです。放っておくから後から磨くのが大変なことになる。日頃からの心がけさえあれば、掃除は大変なものではありません。

レストランのサービスは、ここから始まります。

テーブル作りは入り口に尻を向けるな

掃除が終わったら、テーブルセッティングとなります。

この時大切なのは、すでに説明したように、「入り口に尻を向けないこと」。常に店の入り口に向かって作業をしなければなりません。開店前でもふいにお客様が入ってきた時に、すぐに対応できるようにするためです。

テーブルクロスの下には、アンダークロス（モルトン）を敷いてガムテープなどでしっかり固定します。これを敷く目的は、

●テーブルに食器が当たる音を消すため
●グラスを倒してワインなどがこぼれたときの吸水のため
●テーブルの感触を柔らかくするため

テーブルクロスを掛ける際には、シワやたるみは取りますが、クリーニングによる「折り目」は消さないで残すようにします。折り目は一回使うと消えるので、折り目があるのはおろしたてであることを示しているからです。

ちなみに、「サービス料一〇%」を請求するレストランは、布のテーブルクロスを使う店であることが一般的です。紙を使ったり、クロスそのものを使わなかったりする店では、サービス料はとれない（とれない）と思っていいでしょう。

かつて「マキシム」の大先輩、秋山隆哉さんは、ナイトクラブで働いていた時に、降ろしたてのテーブルクロスを使うことで、お金持ちのお客様からたくさんのチップをもらっていたと言っていました。当時のナイトクラブは、サービスマンがテーブルを買い取って、そこに来たお客様のオーダー料金の一部とチップを貰うシステムだったとか。

そこで秋山さんは、バックヤードにいる洗濯スタッフにお金を握らせて、自分の手元には常に糊の利いた綺麗なテーブルクロスをたくさん準備させていたのです。それを使って、お客様が少しでも料理をこぼしたりしたら、すぐにテーブルクロスを取り替えて常に綺麗な状態で食事ができるようにサービスしたとか。これで大量のチップがもらえたと語っていました。

このように、レストランのテーブルクロスは「清潔さ」のシンボル。けっしてあなどれない存在です。

スタッフの体調をチェックする

開店前の最後の仕事は、スタッフの体調をチェックすることです。体調不良のスタッフに、お客様のサービスを担当させるわけにはいきません。それだけでなく、前夜飲みすぎたスタッフや寝不足のスタッフにも、しっかりと注意を与えます。

「昨日飲みすぎただろう。身体が塩分を求めがちだから注意するように」

デクパージュをする場合やカクテルをつくる時に、お酒の影響で味覚が変わってしまってはいけません。ひと言注意することで、それを自覚させることができます。

調子が悪いスタッフがいたら、三人一組のサービスチームの中で、カバーがきくメートルの下に配属させることも必要です。一人でも足を引っ張ったら、サービスのリズムが崩れて困るからです。

この人員配置は、野球の監督がスターティングラインナップを考える作業に似ています。

2 予約が入った瞬間に「演出」が始まる

全てはディレクトール（総支配人）の指揮次第

掃除が終わりテーブルセッティングが済めば、ここからがサービスマンが一番醍醐味を味わえる時間となります。ことにレストランの指揮者であり監督であるディレクトール（総支配人）にとっては、その仕事のハイライトといってもいいかもしれません。

それは、予約表を見ながら、テーブルプランを考える作業です。

夜のセッション（営業）であるならば、昼のセッションが終わった二時から三時ころにかけて、その夜の予約客リストを見ながら、どのお客様をどのテーブルにするか。隣り合うお客様同士の関係はどうか。三人一組で行うサービス担当を誰にするか。中央のテーブルにどのお客様を座っていただくか、等々、その夜の店内の様子や厨房の動きをイメージしながら、最高の状態が演出できるようにプランを立てていきます。

もちろんそのためには、すでに述べたように予《あらかじ》め十分な情報を入手しておくことが不可欠です。来店するお客様の情報を仕入れるために、新聞や経済ニュースのチェックは欠かさず行います。店内のお客様同士の会話から、ニュース以前に経済情報が入ってくるようでなければ本来のサービスではないともいえます。

ご来店時にいただいた一枚の名刺からあらゆる情報を読み取り、業界動向、企業のライバル関係、お客様同士の女性（男性）関係、来店の目的等、あらゆる情報を駆使してテーブルの配置を考えるのです。

これをお客様の側から見れば、予約を入れてレストランを訪ねた時、どのテーブルに案内されて隣にどんなお客様が座るかを見れば、その店にとって自分がどんな客なのかの見当がつきます。

来店時の人数にもよりますが、二人から四人で店に行く場合、店にとって一番重要なお客様を案内するテーブルは、一番奥の場所でしょう。ここに案内されたら、店にとっては最大限の歓待だと思って間違いありません。別の見方をすれば、一番いいワインを飲んでくれるだろうと期待されているという意味でもあります。

中央のテーブルは、最も華やかなお客様を案内する場所と考えるメートルが多いようです。この席が華やかになれば、店全体が活気づくからです。初めて見えるお客様にとっては、活気のある店は好印象になります。

お客様の嗜好を「覚えておく」

一流のサービスマンは、当然のこととして、予約してみえるお客様が前回の来店時に何を召し上がったか、どんなワインを飲まれたかは全て記憶しているものです。「レカン」でも「ロブション」でも、私は毎回顧客カードを付けさせていましたが、その程度のことは自分で記憶していました。そういう習慣をつけるのは大切なことです。

それだけでなく、店内でのお客様同士の会話や、誰が誰にどんなワインをプレゼントしたか等、細部を覚えておくことも必要です。そうしておけば、お客様との会話でうっかり不快にさせてしまうことも防げます。いつもはスタッフと気軽に会話を楽しみながら食事をされるお客様でも、今日は大切な接待だなと思ったら、なるべく静かな場所にテーブルをセットする配慮等がポイントです。

3 今夜も一期一会のセッションが始まる

オーダーはメモをとらない

「レカン」や「ロブション」時代には、私はオーダーをとる時に、五、六人程度までのお客様でしたらメモをとらないようにしていました。

お客様の目をしっかりと見て接客するためです。

メモをとると、どうしても視線が下に向いてしまいます。そのため、お客様がどんな表情でメニューを見ているのか、何と何を比べながらオーダーしたのか、どんなワインが飲みたそうなのか、等々、肝心の情報を見逃してしまうことになります。

ことに初めて来店されるお客様にとっては、「サービスマンはお店の第一印象」になります。笑顔でオーダーをとるのと、表情なくメモを見ながらオーダーをとるのでは、印象が大きく違ってしまいます。

最初に好印象を持っていただくためには、笑顔と共に視線をそらさずにオーダーをとること。もちろん、だからといってオーダーミスがあっては元も子もありません。

メモを取らないで複数のオーダーを正確に記憶するコツは、「イメージで覚えること」。たとえばピンクのジャケットをお召しの女性が前菜にオマール海老、メインディッシュに鴨料理をオーダーしたら、「ピンク、オマール、鴨」とイメージを刻むのです。ネクタイの色、髪の毛の色、ブローチの色等、お客様の印象を色で覚えるアイコンはいくらでもあります。

そうやって覚えておいて、バックヤードに入ったらすぐにメモをとる等の工夫をして、この笑顔をフォローしてください。

料理がスムースに出てこそ

セッションが始まって、最も大切なポイントは、「料理やワインがスムースに出てくること」にあります。いくら店内が満員でも、あまり待たせすぎては場がしらけてしまいます。

とはいえ、このことを過不足なく行うのは大変なことです。まずは複数のテーブルの食事の進み方を常に把握しなければなりません。厨房との連携も必要ですし、ソムリエに指示を出してワインや水のグラスの空き具合にも常に注意しないといけません。

店内全体のサービスがリズミカルに進むために、私には一つの「秘策」がありました。それは私独自のやり方だと思いますが、ご紹介しましょう。

セッション（営業）が始まって予約のお客様がほぼ全卓入られたら、その日のサービスのポイントとなるテーブルを自分で決めるのです。それは、常連のお客様のテーブルとは限りません。一見のお客様でもいいのです。

その日のセッションは、そのテーブルのお客様の食べ方を基準にして、いま厨房ではどんな料理がどんな順番でつくられているのか、料理がどんな状態に仕上がっているのかを想像して、サービスの流れを決めるのです。

基準となるテーブルのお客様がオードブルを終えそうになったら、他のテーブルにも注意を払って次の料理の準備をする。お水を欲しがったら、他のテーブルのお客様のグラスも確認する。そういった感じです。

そのリズムがしっかりと取れれば、厨房と店内の動きの調和がとれます。

お客様が食事を召し上がる速度は、日によっても体調によっても、その日の食事の目的（接待なのか家族団欒なのか）によっても異なります。そのスピードを即座に読み取って、次の料理の準備を厨房に伝えなければいけません。ここにも一期一会的なサービスのポイントがあります。

どんなサービスにも「無料」はない

すでに書きましたが、私はメートル以下の部下に対しては、お客様に対してどんなサービスをしてもいいと伝えていました。お客様の記念日だったらワインや食後酒をサービスしてもいい。お嬢様の誕生日だったら、食後にケーキを添えてもいい。

その代わり、絶対に次の来店につなげるようにというのがサービスのセオリーです。

飲食業において、無料のサービスはありえません。無料に見えても、別の部分でしっかりと「お客様のハートを摑《つか》んでおくこと」。それがサービスの鉄則です。

昨今では、全国展開しているビジネスホテルチェーンでは、無料の朝食を出している所も珍しくなくなりました。朝になると、一階のフロント脇のスペースにコーヒーやトーストが置かれていて、バイキング形式で食べられるというサービスです。

このサービスは、学生や若いビジネスマンには好評なのでしょう。あるいはデフレ経済下ですから、少しでも出張費を削りたい企業にとっては、こういうホテルの存在はありがたいということもわかります。マーケティングの一環として、このホテルは「無料朝食」という商品を「売って」いるのです。

けれど、このサービスでお客様のハートが摑めるかといったら、そこには疑問が残ります。

しっかりとした朝食を食べたい人にとっては、このサービスがあるからこのホテルは選ばないという理由にもなります。わざわざホテルを出て、早朝からやっているレストランを探さないといけないからです。朝からファーストフードで済ますくらいなら、料金は高くてもしっかりとした朝食があるホテルの方がいい。そう考えるお客様は少なくないはずです。

無料なんだから貧弱な朝食でもいいはずだというのは、ホテルの経営者の発想です。お客様は違う見方をする場合もある。それが無料であるために、ハートを取り逃がすこともあるのです。

感動していただけるサービス

私は、「タイユバン・ロブション」時代に、ある年配のお客様が言われた言葉が忘れられません。

「人生であと何回食事ができるかわからないのだから、つまらないものでお腹を一杯にしたくない」

まさに至言です。同時にそれは、サービスについても言えることではないでしょうか。

「あと何回サービスを受けられるかわからないのだから、つまらないサービスは受けたくない」

そう仰られているのだと思って、このお客様に満足いただけるサービスをすることを肝に銘じたものです。

いいサービスとは何か。それは「感動していただけるサービス」だと私は思っています。

縷々《るる》述べてきたように、レストランで食事をする場合、お客様は店を選んだ瞬間から「どの程度の料理か、どの程度のサービスか」はある程度予想されています。初めての店でも、店構えや外に置かれているメニューをみて、おおよその予想をたてます。予算が決まっているのですから、ファミレスで高級レストランのサービスは期待していません。

ところがこの期待がいい意味で裏切られた時、お客様の中には感動が残ります。

たとえば、前に書いたように「ファミレスなのにオーダーしたメニューを全て記憶しているウエイターがいた」ということだけで、お客様は嬉しいのです。自分をマニュアル扱いするのでなく、自分のことを「記憶してくれた」ということが、ファミレスへの期待を裏切らせてくれました。

これに対して、お客様をお連れして高級レストランの玄関を潜った時、「予約していた下野ですが」という言葉に対して、「少々お待ちください」と言われた瞬間、この店への期待は本当の意味で裏切られます。お客様をお連れするということは、自宅に招く感覚です。それなのに、エントランスの担当が予約客の名前を覚えていないなんて――。

お客様に対して赤面しなければなりません。

仮にこの時、「お待ちしておりました」と笑みを浮かべて応対してくれて、案内されたテーブルに小さなブーケでも用意されていたらどうでしょうか。

「これは何のブーケですか？」と訊ねると、

「今日は下野様がお連れするお客様が誕生日だと伺ったものですから」と、カードでも添えられていたら、ホストとしては大満足です。

「えっ、何でそれを知っていたの？」

「この前お一人で食事にお見えになった時に、何気なくそう伺ったものですから」

などと会話が続けば、ゲストは大喜びで美味しい食事がさらに美味しくなることうけあいです。期待を裏切るサービスといって過言ではないでしょう。

「レストランは良質な人生の学校」でなければならない

このように、「感動」のネタはどこにも転がっています。あるいは、その時は感動しなくても、あとから振り返った時に「しみじみ感動した」ということもあるでしょう。

私の先輩の秋山隆哉さんは、「マキシム」を定年で辞められたあと、銀座のイタリアンレストランや六本木のフレンチレストラン、あるいはリゾート地の高級レストランに請われてメートルで働いていらっしゃいました。

その時々で、秋山さんのお客様がその店について回り、売上にも大いに貢献されたという、伝説のメートルでもあります。

その長いお付き合いがあるお客様にお話をうかがったところ、

「秋山さんには、私が若いころに女性がレストランを使う時の嗜みを教えていただきました。サービスマンの使い方、料理の食べ方、晩餐会や結婚式等でのレストランの使い方、男性がワインを選んだ時に、私のことをどの程度の女と思っているのかの見方等々。あとから振り返ると、秋山さんにサービスしてもらった時には、ほんとうにいろいろなことを教えていただきました」

とのこと。

つまりこの人にとって秋山さんが在籍しているレストランは、「人生を学ぶ学校」でもあったのです。

実際フランスでは、良家の子弟には一流レストランでのサービスを体験させ、大人社会のあれこれを学ばせるといわれています。つまりレストランは人生そのものであり、そこで働くサービスマンは、人生のあらゆる些事《さじ》に長けた「先輩」でなければならないのです。

その意味では、私たちサービスマンの「修業」は、単にレストラン内だけで完結するものではありません。日常のあらゆるものごとに興味を持ち、自分で体験し、物であれば所有して使いこなしてみて、経験を広げなければなりません。

つまり、「サービスの修業に終わりはない」ということ。

「日々これ精進」のつもりで創造の翼を広げていかなければ、一流のサービスマンにはなれません。

逆にいえば、これほど面白い商売もないということでもあります。

最後のサービスは名残にある

美味しい食事を終えて、支払いを済ませ、玄関から外に向かう一瞬。

サービスマンやウエイトレスたちは満面の笑みを浮かべて「ありがとうございました～」と送り出してくれます。その声を聞きながら歩きだして、五、六歩行って振り返った時、玄関前の人影が消えてぽっかりと空間ができていると、なんとも虚しい気持ちを覚えるのは私だけでしょうか。

——あの満面の笑みは、お金を貰う時までだったのか。

そう思ってしまって、美味しかった料理の記憶も飛んでしまいます。

もしこの時、振り返ったらまだ手を振ったり頭を下げたりしてお見送りしてくれているスタッフがいたらどうでしょう。

——ああ、私たちのことをまだ見送ってくれている。名残惜《なごり》しさが伝わってくる。またあの店にいかなくちゃな。

そう思われるお客様が多いのではないでしょうか。

これは経験則かもしれませんが、いいお店、記憶に残るお店の立地は、玄関を出てから次の角までの距離が三〇～五〇メートルの場合が多いように思います。それは、お客様が玄関を出てから次の門を曲がるまでに、一、二分かかるという意味です。その間、サービススタッフは、心を込めてお客様をお見送りしていてくれます。お客様が三〇メートルから五〇メートルを歩かれる一、二分の時間こそ、「名残」に相応しい時間だと私は思うのです（これがあまり長すぎると、お見送りするのもつかれてしまいますし、次のサービスにも影響してしまいますから）。

「最後のサービスは名残にある」

私はそう思っています。これができる店とできない店では、店内で同じ程度の料理とサービスを提供されていても、印象が全く異なります。

ここにこそ、日本人の対人関係の「綾《あや》」が潜んでいるからだと私は思っています。

第五章

二つの世界大会

著者と宮崎辰氏（2010年、日本国内のメートル・ド・セルヴィス杯の授賞式で）

1 国家戦略としての料理とサービス

「フランス料理は国家戦略である」

そんな言葉をご存じでしょうか。

どこの国に行っても「世界の三大料理の一つ」に名前があがるフランス料理には、その評価を得るだけの理由があります。

たとえばアメリカ合衆国が軍事力で世界を凌駕するように、スイスが「永世中立」という思想で唯一無二のポジションを獲得したように、イタリアが洗練された芸術性で世界から憧憬の眼差しを得るように、フランスという国は世界遺産にも指定された「料理文化」を世界に広めることで、世界の中で確たるポジションとイメージを得ているのです。

それはまさに国家戦略。フランス独自の料理と食材、そしてワインというキラーコンテンツ（絶対の切り札）を世界に広めることで、フランスの存在感をも高めていこうという国家の意思がそこにあります。

考えてもみてください。なぜ極東の島国日本において、毎年のように十一月の「ボジョレーワインの解禁日」に大騒ぎをするのか。タイヤメーカーが陸路での旅行を奨励するために始めたレストランガイドブックの評価に、なぜ日本人までが「星がついた、つかなかった」と一喜一憂しなければならないのか。なぜ本国フランスよりも多くの人が、ソムリエの資格を取りたがるのか。

客観的に見ればまことに不可思議な状況が、日本のフランス料理界には起きています。けれどそれらはみな、フランスが仕掛けた「美食という名の戦略」の結果でもあるのです。

たとえばボジョレーというワインは、ブルゴーニュ地方の南端の、ローヌ県北部とソーヌ・エ・ロワール県内のごくわずかなコミューンでつくられる、本来はワイン業者向けの試飲酒でした。収穫時期が早く、新酒で飲めるために「その年の葡萄の出来を診るのにはちょうどいい」というものだったのです。その解禁日は地元の人にとっての収穫祭であって、本来外国人が大騒ぎするほどのものではありませんでした。

けれどフランス人は、そのプロモーションが抜群にうまいのです。その試飲酒ワインの解禁日をあたかも国家的な行事のように盛り上げて立派なブランドに祭り上げ、極東の島国でも解禁日のお祝いムーブメントをつくり上げてしまう。しかも最近では「夏のボジョレー」などという、本国ではありえない季節外れのキャンペーンまで張っていますから、その戦略性のしたたかさには驚いてしまいます。このしたたかさこそがフランスなのです。

フランス国内でも高級ワインの産地として知られるブルゴーニュでは、かつてフィロキセラ（ブドウネアブラムシ）という害虫にやられて葡萄の木が全滅の危機に瀕したことがありました。その時ワイン業者たちは、病気にかからずに残った葡萄の木を守ると共に「ブルゴーニュの騎士団」という名誉称号をつくり、ブルゴーニュワインの応援団としました。この騎士団に選ばれること自体を名誉として祭り上げ、ブルゴーニュワインのファンを広げていったのです。そうやってワインの産地とブランドを守ってきた歴史と知恵が、ボジョレーワインのプロモーションにも生かされています。まさに「国家戦略」なのです。

サービスもまた然り。フランスでは、サービスもまた料理文化の担い手の一つとして、古くからとても重要視されてきました。「ＭＯＦ」と呼ばれる「国家最優秀職人賞」の中にも料理人部門と並んでサービス部門があり、その技術を国家が認め、伝承していくシステムができあがっています。

「はじめに」でも書きましたが、二〇一二年は、サービスの世界大会である「クープ・ジョルジュ・バティスト」サーヴィス世界コンクールが初めて日本で開催されることになりました。文字通り、サービスの世界一が日本で誕生し、私たちもその審査の過程をつぶさに見ることができるのです。この大会は一九六一年にフランス国内で始まり、徐々にヨーロッパに広まり、二〇〇〇年からは世界大会となりました。

日本では一九九四年から、クープ・ジョルジュ・バティスト協会の後援の下、日本一のサービスマンを決める「メートル・ド・セルヴィス杯」が実施されてきました。二〇〇〇年からは、この大会の優勝者が「クープ・ジョルジュ・バティスト」サーヴィス世

界コンクールに出場することになり、今回までに四人の代表を世界に送り出していま
す。

クープ・ジョルジュ・バティスト杯の優勝者の中からは、過去に大勢のMOF受賞者が生まれています。つまりこの大会は、フランスの料理関係者の憧れであるMOFへの登竜門でもあるのです。

過去にクープ・ジョルジュ・バティスト杯で栄冠を掴み、その後MOFをも受賞したサービス界の重鎮たちは、こんな言葉を残しています。

「メートル・ド・テルとは、確かな知識と技術を持ち、ゲスト（お客様）とシェフとの間をとりもち、チームを動かしてゆく力、マネジメント能力が必要で、これは時間と経験を積み上げてこそプロフェッショナルになれるのです」（フィリップス・スタンダール氏、二〇〇〇年MOF受賞者）

「メートル・ド・テルという職業を理解していただきたい。ワインの知識もあり、ソムリエを兼ねることもあります。プロフェッショナルなサービスなしに、レストランでは料理を提供できないのです」（フランク・ランギーユ氏、クープ・ジョルジュ・バティスト

協会会長）

今回の世界大会の日本代表は、恵比寿の「シャトーレストラン　ジョエル・ロブションン」のメートル・ド・テル、宮崎辰氏（三十五歳）。私は約一年間にわたって、彼のレッスンにたちあい、サービスの思想から細かな技術まで、もてるものを全て伝えてきたつもりです。

この章では、宮崎氏のレッスン風景を通して、サービスの細部を語っていきましょう。

そしてもう一つ、二〇一二年春に、一風変わった世界大会に参加してきた日本のレストラン・チームがあります。かつて私が在籍した銀座「レカン」。そのシェフ、メートル、ソムリエの三者が、フランスのアルザス地方で開かれた「ポール・エーベルラン杯」という大会に、日本のフランス料理界からは初めて出場してきました。

この大会の特色は、シェフ、メートル、ソムリエという、レストランの三つの原動力を一堂に集め、その総合力を競うコンテストである点です。これまで個別の世界大会はいくつもありましたが、三者を集めてレストランの総合力を競うというコンクールはかつてありませんでした。

ここにも、フランスという国の料理文化に賭けるプライドを感じます。料理、ワイン、そしてサービスという三つの分野からなりたつフランス料理のレストランの機能は、そこに明確な優劣を競うだけの「普遍性」があると、彼らは信じて疑わないのです。

同時に、これらが世界に開かれたコンテストである以上、その技術は世界的な普遍性をも持っているということでもあります。オリンピックを毎年自国で開催しているようなものですから、世界に広がるフランス料理の牙城は、ますます強固なものになっていきます。

この章では、これら二つのコンクールへ挑戦する（した）参加者の姿を伝えながら、世界一のサービスの厳しさ、凛々しさ、技術レベルの高さを語っていきたいと思います。

2　世界一を目指す猛特訓——宮崎辰氏

優雅に、美味しく、手際よく

「君のナイフの入れ方は両肩に力が入ってしまっていて、お客様から見た時ちっとも美味しそうに見えないぞ。ナイフを食材の適切な部分にスパッと入れれば力なんていらないはずだ。そうすれば、切り口も鮮やかで美味しそうになる。食材の構造をもっとよく知ることだ」

とある日。東新橋にあるＦＦＣＣ（フランス料理文化センター）のキッチンスタジオで、私は宮崎氏にそう語りかけました。宮崎氏の前には、「鴨《かも》のルーアン風」という、鴨を一羽丸ごとローストしたフランスの古典的な料理が置かれています。これは、ノルマンディ地方の料理で、パリの歴史ある超高級レストラン「トゥール・ダルジャン」の鴨料理の原点になった料理といわれています。

これから宮崎氏は、最も難しい鴨料理のデクパージュの練習を始めようとするところです。

キッチンでベリーレアにロースト（超生焼き）された鴨をゲリドン（ワゴン）でお客様の目の前に運んできて、まずはその姿をご覧いただきます。鴨は解体してガラ（身と骨、内臓）を小さく切ってプレス機の中に入れ、血を絞り出して容器に取り置きます。次に平鍋にコニャックを注ぎフランベしてアルコール分を飛ばし、フォン・ド・カナル（鴨の出汁）を入れ、ポルト酒を加えてから絞った血をここに加えます。これに塩コショウで味付けすれば、濃厚なソースの完成です。ここに鴨肉を入れて温めて、お客様の皿に取り分けるのです。この時、味見ができるのは一度だけ。塩コショウの塩梅を一度は修正できますが、それ以上何度も味見をすると、食べる前からお客様に不安を与えることになってしまいます。

「一度でジャストな味付けにすること」

それがここでのサービスの一つのポイントです。

ローストした鴨の本体は腿肉を外し、胸肉の皮と皮下脂肪をナイフではぎ取って、

三、四枚の薄切りにします。

火にかけたソースはスプーンの背側を使ってとろみを確認し、ソースが完成する頃合いを見計らって、皿の上の肉をソースに戻して軽く温めて完成です。

この一連の作業を、手際よく短時間でできないと、サービス大会では上位進出は叶いません。

「サービスの途中で、お客様には『ソースをたっぷりおかけしますか、少なめですか』と聞いた方がいい。濃厚なソースが嫌いな方もいらっしゃるから。そういうコミュニケーションも大切だよ」

私のアドバイスに、宮崎氏は一つ一つ頷きながら作業を進めます。

次は、パイナップルのフランベに取り組みました。

もぎたてで葉のついた状態のパイナップルをフォークとナイフを使って皮を剝《む》き、輪切りにして火にかける。デザートとしては、お客様にとても喜ばれるパフォーマンスです。

とはいえ、お客様の前で大きなパイナップルの皮を綺麗に剝くのには技術がいります。

まずはパイナップルを縦に置いて安定するように底部を切り落とします。表の厚い皮は、上から下に向けてナイフを降ろし二、三センチ幅で削《そ》いでいきます。すると黄色い表面に、茶色い粒々の芽が残ります。これをペティナイフで下の方から右斜め上に向かって円を描くようにくり抜いていくのです。パイナップルの芽は、左回り（または右回り）にらせん状に剝いていくと綺麗に剝ける構造になっています。

全部の芽をくり抜いたら、均等に輪切りにし、芯抜きで芯を抜いて皿に盛りつけます。

これをフライパンでフランベ（加熱）してできあがりです。

デクパージュの技術は、調理が美味しくできただけでは不完全です。

人間は、一つの作業に夢中になると，どうしても身体がそこに近づいていきますから身体が前のめりになっていきます。その姿勢は腰が曲がり、頭が下を向き、お客様と視線を合わせることができません。お客様から見た時に、ちっとも美しくないのです。

本来のデクパージュは、お客様と会話を交わしながら、優雅に行われなければなりません。一生懸命に肉を切ったりソースをつくったりしていると感じられてはいけないのです。全身の力が抜け余裕をもった状態で一連の作業が進まなければ、見栄えが美しくはなりません。

「あくまでも作業は優雅に。味付けは的確に。切れ味は鋭く。料理が冷めないように手際よく」

これらの全てが相まって、デクパージュというサービスが完成します。

宮崎氏は、このレッスンを受けながら、こう語っていました。

「この大会に参加することでデクパージュという技術と出会ったのですが、それを知る前と後では食材に対する考え方が全く変わりました。

まず、食材の構造や骨の構造をよく知っていないと綺麗に調理ができない。人間と一緒で、やはりその人の内面を知らないと本当のつきあいができないように、食材に対してももっともっと深い知識を持たないと本当のサービスにはならないのだなと感じました。

お客様の前で調理するのは、厨房のシェフの作業の延長です。私が手を加えてさらに美味しくならなかったら意味がありません。またそれを食べていただくお客様にも満足いただいて、喜んで残さずに食べていただけるように、しっかりと食材に向かい合わないといけないと感じています」

料理人からサービスマンへ

宮崎氏は一九七六年、東京の生まれ。ごく普通のサラリーマン家庭に育ったそうです。それがなぜ料理の世界を目指したのか。宮崎氏はこう語っていました。

「高校まではサッカーに夢中でした。センターフォワードで、点をとることしか頭にないプレーヤーだったんです。

高校三年の時には、大学を目指して予備校にも通っていたのですが、ある日閃いたんです。料理人になれたらイタリアに行けるって。イタリアでサッカーを続けるという意味ではなかったんですが、どうしてもイタリアに行きたかった。ちょうど高校二年の時にJリーグが始まり、そして選手が海外に出て行ったことにも大きな影響を受けていると思います。料理を目指した理由の一つは、母親が料理好きだったことと、美味しいものを食べることが大好きだったことがあるかもしれません。

それで高校を出てから国立《くにたち》にある調理師学校に通いました。でも、両親にはずいぶん怒られました。何で進路が料理なんだと。そこはずいぶん学費もかかる学校だったので、両親には無理をお願いしました」

宮崎氏は当初、料理人を目指して調理師学校に通ったそうです。その学校には二年目にフランスのリヨン校でのカリキュラムが一年間あり、さらにその後、フランス国内の星付きレストランでの修業もセットになっていました。そこまでは、厨房での修業を積んでいたのです。

ところが。

「帰国して都内のレストランで修業に入ったら、表でサービスをしている先輩が『シェフに気をつかう料理人よりサービスの方が自由だよ』と教えてくれたんです。しかもその先輩が、サービスの国内大会である『メートル・ド・セルヴィス杯』での最年少優勝の経歴を持っていて、よーしぼくも！　と火がつきました」

同時にこのころ、親しかった女性から「あなたは野心を持っていない」と指摘を受けたことも大きかったとか。フランス料理の世界を目指すにしても、より大きくより高いレベルを目指さないと日常に安住することになってしまう。

その焦りにも似た気持ちが、早い段階から宮崎氏をサービスの世界大会へと向かわせたそうです。当時をこう振り返っています。

「とはいえ、帰国してから今度はサービスに転身すると言ったら、両親はまたまた怒りました。『なんで男がお運びさんをやらないといけないのか』って。当時は一般的にサービスに対する認識はその程度だったんです。ぼくはフランス国内のサービスのレベルの高さも知っていたから、この日本の常識をなんとしてでも覆さないといけない。自分たちで素晴らしいサービスを根付かしていかないといけないと感じました。だからこの大会に出て世界の頂点に立つことは、もう十年越しの夢なんです」

この言葉にもあるように、国内予選で優勝してからのこの一年間、宮崎氏はデクパージュの練習だけでなく、課題に出されているテーブルセッティング、花のセッティング、カクテルの作り方、そして筆記試験での知識等、あらゆることを貪欲《どんよく》に学んできました。

カクテルの練習は、勤めているレストランのバーでお客様が帰られた深夜に始まり、朝方まで続いたそうです。始発電車が出るころに終えて一度帰宅、仮眠して再び午前十時には店に出ていることもしばしばだったとか。

体重も落ち、目の色もかわるほど、集中してレッスンを積んできました。

逆にいえば、サービスの普遍的な技術は、それほどまでに高いレベルが要求されるということです。本書が出るころには、この大会の結果も出ています。私は宮崎氏がその実力を惜しみなく発揮して、高い評価が得られることをいまから確信しています。

そして彼の活躍を通して、日本でも飲食業界の「サービス」というものへの再評価が起きることも、間違いないと思っています。

3 「井の中の蛙ではいけない」と痛感した有井剛氏

世界のレベルを見てみないと始まらない

「このコンクールの募集を知ったのは、前年の十一月ころでした。本番まであと四カ月くらいしかないというタイミングでしたが、世界のレベルを知るにはまずは挑戦してみないと始まりません。情報が少なくどんな大会になるのか全くわかりませんでしたが、まずはやってみようという気持ちでシェフとソムリエ、そして店のオーナーと相談して名乗り出ました」

そう語るのは、銀座「レカン」のメートル・ド・テル、有井剛氏です。

有井氏とシェフの高良康之氏、ソムリエの大越基裕氏の三人は、二〇一二年三月、フランスはアルザスで開かれた「ポール・エーベルラン杯」に出場してきました。すでに述べましたように、この大会の特徴は、シェフ、ソムリエ、そしてメートルの三者がチームをつくって「レストラン力」を競うというもの。そのレベルの高さは、出場するレストランの名を聞いただけでご理解いただけると思います。

「レカン」チームが決勝で競う相手は三チーム。パリのセーヌ河沿いにあり、鴨料理で有名な超老舗レストラン「トゥール・ダルジャン」。凱旋門《がいせんもん》近くの五つ星ホテル内にある由緒あるレストラン「ロワイヤル・モンソー」。かつてヌーベルキュイジーヌ（フランス料理の新潮流）の発祥となり、ポール・ボキューズやトロワグロ兄弟らを育てたムッシュ＆マダム・ポワンが率いていたヴィエンヌの「ラ・ピラミッド」（現在は経営者が変わり、オーナーシェフは日比谷のパレスホテル内にも出店したパトリック・アンリルー氏）。

自他ともに認める「グランメゾン＝偉大なレストラン」が四チーム揃いました。

その中でどんなコンテストが行われたのか。有井氏はこう語ります。

「会場の舞台裏には、四チーム分の調理用品や食器、グラス等が用意されていました。早朝七時には、メートルとソムリエの筆記試験が始まります。ソムリエの試験はワインやアルコールの知識を問う筆記試験や産地とヴィンテージを当てるブラインドテストでしたが、私が参加したメートルの試験もとても難問ばかりでした」

四チームのメートルに問われたのは、アルザスの観光や文化の知識、この地方の食材の知識、宗教家や政治家が同席する場合の「プロトコール」と呼ばれる席次やサービスの順序を問うもの等々、フランス人でもなかなか正解が出せないような問題ばかりだったとか。メートルの役割の大きさと同時に、幅広い知識をもつことの重要性を再認識する一瞬だったといいます。

その後、二チームずつ二回に分かれて、八人のゲストが座るテーブルを使ってのレストランの実践コンテストになります。

厨房では、主催者が用意したコミ（料理助手）一人を使って、シェフが料理を始めます。ステージでは、メートルが花を活け、テーブルクロスとナプキンにアイロンをかけます。ソムリエは、この間グラスを磨いて用意し、食卓づくりを進めます。この間審査員は、その手順と仕上がり具合を審査するのです。本書の四章で書いたような、レストランの営業前の準備ぶりも審査されたことになります。

次に、実際にお客様（審査員）を迎え、席を決め、オーダーをとり、料理やワインのサービスを展開します。

ワインに関して「レカン」チームに不利だったのは、サービスしたいワインを自前で持ってこないといけないルールだったことでした。有井氏はこう振り返ります。

「日本からフランスワインを持っていくわけですから、太平洋を往復することになります。ワインのためにはいいことではありません。でもそうしないと、自分たちが望むヴィンテージがフランスで揃うかわかりませんでしたから、仕方なかったと思います」

はるか極東の島国からの参加は、このように具体的に不利なことが多々あるのです。

和のテイストで勝負する

料理の課題は、「ヴォル・オ・ヴァン」（パイ生地でつくった蓋付きの器に詰め物を入れて熱くした料理）と「アルザス風ヴォライユのファルシ」（鶏の体内に詰め物をした料理）。食材としては、モリーユ（キノコ）、白アスパラ、ヴォードレ（乳のみ仔牛）が必須課題として出されました。

レカンチームは、この課題に対してある秘策を考えていました。これら四つの食材に、ある和の食材を合わせる作戦でした。

日本から持ち込んだのは「柚子《ゆず》」と「塩麹《こうじ》」。この二つを使って「和風の味」を出そうという作戦です。

「ヴォライユのファルシ」では、二キロはある大きな鶏を用意して、その腹の中にお米、トリュフ、野菜等を詰め込み、それをコトコト約一時間ボイルしていきます。柚子はおろし金を用意して料理に香りを添え、塩麹でソースをつくりました。

調理の時間は二時間半。デクパージュの時間は三十分。それが与えられた制限時間でした。

この料理に合わせたワインは、アルザスの白。リースリングのグランクリュ（特級）で「ツィント・ウンブレヒトリースリンググブランド2007」。このヴィンテージが現地で手に入らない場合を考えて、日本から持ち込むことにしたのです。

サービスを担当する有井氏の出番は、デクパージュの時でした。

「まず、ゲリドン（ワゴン）に料理を載せてお客様の前に運び、料理の説明をしなければなりません。母国語以外の外国語という指定ですから、フランス人は英語、私も英語で解説しました。審査員からは『火入れは何度で何分間だったか』というような質問が出ます。それにも的確に答えられないといけません。

私が見ていた中では、『ロワイヤル・モンソー』の二十八歳のソムリエが、スピード感溢れる喋り方と積極的なサービスで、さすがと思わせるものがありました。お客様とのコミュニケーションにも『情熱』を込めないと、なかなか異文化の相手には伝わりません。つねに堂々と振る舞い、自信に満ちた表情でお客様をひきつける。そこにサービスのポイントがありました」

不利だったのは、言葉だけではなかったそうです。会場に行って初めて、厨房では木のまな板は使えず、プラスチックのものしか準備がないことがわかったとか。フランスの厨房ではプラスチックのまな板が一般的なのです。木のまな板を使い慣れていた日本チームは、鶏の皮が切りにくく往生したそうです。二羽を八人に切り分けたそうですが、ここでも時間をとってしまいました。場合によっては、皿の上でナイフを使う場合もありますから、サービスマンはあらゆる状況に対応できるような準備と作戦を変更する柔軟性が必要なのです。

有井氏にとっては、いい教訓だったはずです。

コミュニケーション力を身につけて、「世界一のサービス」を

有井氏が述べた、お客様とのコミュニケーションに情熱を込めるということ。これは日本人のメートルが全般的に苦手にしていることかもしれません。概して日本人のメートルは、「きめ細やかさ、手際の良さ、清潔さ、記憶力」については評価が高いですが、お客様とのコミュニケーションについては踏み込みが一歩足りないと感じられることもあります。

ですから、日本人のきめ細やかさ、手際の良さ、清潔さ、記憶力に、西洋人のコミュニケーション力が加われば、世界一のサービスになるといえるでしょう。

たとえば本場フランスのレストランに行くと、メートルがさりげなく近づいてきて、いろいろ話しかけてくれることが多いものです。もちろん言葉の壁がありますから、日本人同士のような会話は難しいのですが、「コンニチワ　ゴキゲン　イカガデスカ」「ワタシハ　トウキョウニ　イッタコトガアリマス」等々、カタコトの日本語を喋ってくれたり、通訳を通して料理の説明をしてくれたりします。日本人の観光客にとっては、ほ

んの少しでもメートルと会話が成立したら、それだけで嬉しいのです。料理の印象もレストランの思い出も、良いものになるに違いありません。

つまり、本場のサービスマンたちはそんな日本人の特質を知っていて、言葉が通じないことを逆に利用しているのです。難しい異文化の壁をむしろ利用して、コミュニケーションをとろうとしている。

その「努力」にこそ、サービスの神髄が宿っています。

このような、言葉の壁を乗り越えるサービスやトラブルを乗り越えるコミュニケーション力は、これからのフランス料理界をリードするサービスマンには、ぜひ身につけていただきたいと私は思います。

さらに、日本人ながら、ピンチをチャンスに変えた、見事なコミュニケーションの例を紹介しましょう。

以前審査員をしたある年の「メートル・ド・セルヴィス杯（サービスの国内大会）」の決勝戦でのこと。デクパージュの課題として「鳩料理」が出たのですが、厨房からワゴン（ゲリドン）に乗せられてきた料理が、みるからに生焼け状態だったのです。案の定、出場者の一人がナイフを入れると、血が滴り落ちてきました。

――これはまずいな。生焼け過ぎる。

私は思いました。そして、この出場者がどんな反応をするかを凝視していたのです。

すると、この時の出場者は、あわてずにお客様（審査員）にこう告げました。

「申し訳ございません。切ってみたら生焼けでしたので、厨房に戻して再度火を入れさせます」、と。そういいながら、この出場者はワゴンを下げるとさりげなくお客様と次の会話を始めて、待ち時間を退屈させない工夫をしていました。

もちろん、一度出てきた料理を再度厨房に戻せばお客様を待たせることになりますから、本来のサービスを考えたら減点ものです。とはいえ、生焼けのままの鳩料理をお客様に食べさせたら、それこそどんなクレームがくるかわかりません。その応対もまたコンクールの対象になりますから、事態はより複雑になります。

この時は、即座に料理を厨房に下げさせて、お客様に謝りながらも次の会話につなげた出場者はみごとでした。トラブルが起きたことをむしろ利用して次のコミュニケーションにつなげたのです。そうすることで、お客様の信頼も勝ち得たることができました。

世界一の審査員たち

「ポール・エーベルラン杯」における「レカン」チーム等四チームの審査にあたったメンバーもまた、フランスの威信をかけた素晴らしいメンバーでした。

料理部門がパリの三つ星レストラン「プレ・カトラン」のフレデリック・アントン氏とイタリア・マントヴァにある三つ星「ダル・ペスカトーレ」のナディア・サンティーニ氏。ソムリエ部門が、二〇〇四年の世界最優秀ソムリエ、エンリコ・ベルナルド氏、アルザス・ワイン協議会のイヴィリーズ・シアール氏、二〇一〇年の世界最優秀ソムリエ、ジェラール・バッセ氏。サービス部門が、ドイツ・トンバッハにある三つ星レストラン「ラ・トゥローブ」の総支配人ハイナー・フィンクバイナー氏、バエレンタールの三つ星「ランスブール」のキャシー・クライン氏、ソーリューの三つ星「ベルナール・ロワゾー」の首席メートル・ド・テル、エリック・ルソー氏。

このように、ひとたび世界大会ということになると、各地から忙しい仕事の合間をぬって、三つ星クラスの店の代表者がかけつけてくることが、フランスの料理に関する歴史と伝統の成せる業です。仮に和食の大会を日本で開いた時、こんなふうに一流の店舗と料理人が大同団結ができるかどうか——、私は思わず考えてしまいました。

さて、その審査の結果は——。

優勝は「ロワイヤル・モンソー」。二位に「ラ・ピラミッド」、三位に「トゥール・ダルジャン」、残念ながら、我が「レカン」チームは第四位という結果でした。

とはいえ有井氏は、その結果をこんなふうに受け止めていました。

「今回は初参加で、情報も余りにも少なかったので準備不足もありました。もちろん、日頃のサービスのレベルが問われたわけですから、大いに反省すべき点もありました。結果は最下位でしたが、自分としては手応えがあるのも確かです。今回の参加で大会の様子もわかったし、審査のポイントもある程度見えてきた。本番の要領も掴めました。何よりもサービスに必要なのは、プロフェッショナルとしての自信と誇り、そして仕事への真剣度だと感じました。私たちとしては、一回限りの参加とは全く思っていません。これからも日常の営業の中でしっかりと研鑽を積んで、サービスのレベルを上げ、再び挑戦したいと思います。今回の大会の結果も、より多くの人に知っていただいて、世界ではこういう大会があるんだ、サービスとはそれほど大切なポイントなんだということをわかっていただけたらと思います」

と、力強い言葉が返って来ました。

現状において、レストランの総合力を競う世界大会は、この「ポール・エーベルラン杯」が唯一無二のものであることは間違いありません。そういう大会があることを日本の飲食業界の方々、あるいは美食家の方々、日頃から日本の食文化を愛する方々にも知っていただいて、今後の活動の糧《かて》にしていただきたいと思います。

そして近い将来、この大会の日本予選が行われるようになればいい——。

日本のサービスの地位とレベルの一層の向上のためにも、私はそう望んでいます。

おわりに

料理は、「消えていく芸術」「瞬間を生きる芸術」といわれます。

あらゆる手段を尽くして入手した高級素材を使って、人間のもつイマジネーション能力を限界まで高めながら調理方法を考えてできあがるフランス料理の世界では、「完成した料理に自分の名前をサインしたい」と語った料理長もいました。誰がどうつくろうと料理はお客様の口の中に入ってしまったら跡形もなく消え失せるのですが、その料理長にとって自ら生み出したこの一品は、世界で唯一のオリジナル品、完璧な芸術品だということなのです。

サービスもまた然り、です。

本書でも「サービスは一期一会」と書きましたが、本来的な意味でのサービスは、お客様とサービスマンが知恵と経験と人間力の全てを出し合って共に築き上げるもの。その日その空間においてその出会いの中でしか成立しないものであると私は思っています。

だからこそ、お客様にとってレストランでの記憶や料理の記憶は、ある意味で永遠なのです。

読者のみなさんにも覚えがあると思います。あの日、愛する人と食べた至福の料理。子どものころ、母親がつくってくれた素朴なお弁当の味。成長した子どもの成人を祝ったあのレストランでの食事。両親を誘って三世代で楽しく食事したあのレストランの光景、等々。

人間の記憶力は年々退化していくはずなのに、美味しかった料理の味や楽しかったレストランの光景は、何年たっても脳裏から消えません。

料理もサービスも一瞬で消えてしまうものなのに、その「記憶」は一生の宝物として人々の中に残る。永遠の生命をもっているのです。

私は生涯をフランス料理に捧げたものとして、何よりもこのことに誇りを感じます。物でもなく名誉でもなく、ただひたすら人々の「記憶」に残る価値。それが料理の世界でありサービスの世界です。

だからこそ私たちサービスマンは、日々新しい気持ちで新しいお客様と向き合うことができます。そこでどんな感動が生まれるのか、自分でもわくわくしながらこの仕事につけるのです。

そんな仕事に出会えたことが、何よりも私の誇りであり、喜びでもあります。

本書は、私の半世紀の中で培ってきたサービスに対する考え方や経験、お客様との出会いの中で学んできたあれこれを書かせていただきました。

全ては、これまで出会ってきた多くのお客様からいただいたものばかりです。改めて、全てのお客様に感謝いたします。ありがとうございました。

そして本書が、今後の日本のフランス料理業界、飲食業界のサービス部門への「一条の光」となることを祈ってやみません。これまであまりにも関心を向けられなかったレストランでのサービスに対して、お客様のより厳しいご指導ご鞭撻《べんたつ》をいただきながら、後輩たちとともに精進していきたいと思っています。

ありがとうございました。

平成二十四年秋

下野隆祥

[企画・構成]　神山典士
[写真]　鶴田孝介（第一章扉・第二章扉・第三章扉・第四章扉）
岩尾克治（第五章扉）

PHP新書
PHP INTERFACE
http://www.php.co.jp/

下野隆祥［しもや・たかあき］
1946年東京都生まれ。銀座「マキシム・ド・パリ」のソムリエ、銀座「レカン」のシェフソムリエ・支配人、ロンドン「レストラン・ミラベル」総支配人を務める。93年、「世紀のシェフ」と呼ばれたジョエル・ロブションによる日本第一号店、恵比寿「シャトーレストラン タイユバン・ロブション（現「ジョエル・ロブション」）の初代総支配人となる。96年、健康上の理由により退職。現在は後進の指導に勤しむ。
「クープ・ジョルジュ・バティスト」サーヴィス世界コンクール第1回、第2回、第4回の審査員を務め、東京で行われた第5回では運営委員長を務めた。2010年、フランス共和国農事功労章「シュバリエ」受章。

世界一のサービス
十年前のお客様を忘れない

（PHP新書835）

二〇一二年十一月二十九日　第一版第一刷

著者――下野隆祥
発行者――小林成彦
発行所――株式会社PHP研究所
東京本部――〒102-8331　千代田区一番町21
新書出版部 ☎03-3239-6298（編集）
普及一部 ☎03-3239-6233（販売）
京都本部――〒601-8411　京都市南区西九条北ノ内町11
組版――アイムデザイン株式会社
装幀者――芦澤泰偉＋児崎雅淑
印刷所
製本所――図書印刷株式会社

©Shimoya Takaaki 2012 Printed in Japan
落丁・乱丁本の場合は弊社制作管理部（☎03-3239-6226）へご連絡下さい。送料弊社負担にてお取り替えいたします。

ISBN978-4-569-80853-6

PHP新書刊行にあたって

「繁栄を通じて平和と幸福を」(PEACE and HAPPINESS through PROSPERITY)の願いのもと、PHP研究所が創設されて今年で五十周年を迎えます。その歩みは、日本人が先の戦争を乗り越え、並々ならぬ努力を続けて、今日の繁栄を築き上げてきた軌跡に重なります。

しかし、平和で豊かな生活を手にした現在、多くの日本人は、自分が何のために生きているのか、どのように生きていきたいのかを、見失いつつあるように思われます。そして、その間にも、日本国内や世界のみならず地球規模での大きな変化が日々生起し、解決すべき問題となって私たちのもとに押し寄せてきます。

このような時代に人生の確かな価値を見出し、生きる喜びに満ちあふれた社会を実現するために、いま何が求められているのでしょうか。それは、先達が培ってきた知恵を紡ぎ直すこと、その上で自分たち一人一人がおかれた現実と進むべき未来について丹念に考えていくこと以外にはありません。

その営みは、単なる知識に終わらない深い思索へ、そしてよく生きるための哲学への旅でもあります。弊所が創設五十周年を迎えましたのを機に、PHP新書を創刊し、この新たな旅を読者と共に歩んでいきたいと思っています。多くの読者の共感と支援を心よりお願いいたします。

一九九六年十月

PHP研究所

PHP新書

187 働くひとのためのキャリア・デザイン 金井壽宏
379 なぜトヨタは人を育てるのがうまいのか 若松義人
450 トヨタの上司は現場で何を伝えているのか 若松義人
526 トヨタの社員は机で仕事をしない 若松義人
542 中国ビジネス とんでも事件簿 範 雲涛
543 ハイエク 知識社会の自由主義 池田信夫
579 自分で考える社員のつくり方 山田日登志
587 微分・積分を知らずに経営を語るな 内山 力
594 新しい資本主義 原 丈人
603 凡人が一流になるルール 齋藤 孝
620 自分らしいキャリアのつくり方 高橋俊介
645 型破りのコーチング 平尾誠二／金井壽宏
655 変わる世界、立ち遅れる日本 ビル・エモット［著］／烏賀陽正弘［訳］
689 仕事を通して人が成長する会社 中沢孝夫
709 なぜトヨタは逆風を乗り越えられるのか 若松義人
710 お金の流れが変わった！ 大前研一
713 ユーロ連鎖不況 中空麻奈
727 グーグル10の黄金律 桑原晃弥
750 大災害の経済学 林 敏彦
752 日本企業にいま大切なこと 野中郁次郎／遠藤 功
775 なぜ韓国企業は世界で勝てるのか 金 美徳
778 課長になれない人の特徴 内山 力
790 一生食べられる働き方 村上憲郎
806 一億人に伝えたい働き方 鶴岡弘之

［政治・外交］

318・319 憲法で読むアメリカ史（上・下） 阿川尚之
326 イギリスの情報外交 小谷 賢
413 歴代総理の通信簿 八幡和郎
426 日本人としてこれだけは知っておきたいこと 中西輝政
631 地方議員 佐々木信夫
644 誰も書けなかった国会議員の話 川田龍平
667 アメリカが日本を捨てるとき 古森義久
686 アメリカ・イラン開戦前夜 宮田 律
688 真の保守とは何か 岡崎久彦
729 国家の存亡 関岡英之
745 官僚の責任 古賀茂明
746 ほんとうは強い日本 田母神俊雄
795 防衛戦略とは何か 西村繁樹
807 ほんとうは危ない日本 田母神俊雄
826 迫りくる日中冷戦の時代 中西輝政